오늘도 인생을 찍습니다

오늘도 인생을 찍습니다

사진이 넘쳐나는 세상에서 사진을 찍는다는 것

$-3...2...1...\mathbin{\mathbf{|}}...1...2...3+$

MJ KIM 지음

북스톤

차 례

우리는 매일 사진을 찍습니다

사진은 빛의 반사를 기록하는 작업입니다. 빛은 모두의 주변에 아름답게 펼쳐지고, 지구의 모든 사물은 그 빛을 공평하게 누리는 축복을 받았습니다. 낮에는 뜨거운 태양이 열정적이고 관능적인 빛을 만들어내고, 밤에는 은은한 달빛이 감성적인 세상을 만들어냅니다.

그 아름다운 빛을 카메라에 담는 일은 누구든 할 수 있습니다. 특별한 기술이 없어도 되고 특수한 장소에 가지 않아도 됩니다. 그렇기에 사진은 저와 같은 보통의, 평범한 사람들이 쉽게 다가갈 수 있는 일상의 예술입니다.

우리는 매일 인생을 찍습니다. 그렇습니다. 사진을 찍는다는 것은 삶을 기록하는 일입니다.

아내가 해준 맛있는 저녁식사 같은 평범한 일상부터 아이가 태어나는 우주의 가장 신비로운 순간까지, 우리는 모든 것을 사진으로 기록하는 세상에 살고 있습니다.

사진에 찍히는 그 순간만큼은 당신이 세상이라는 영화의 주인공입니다. 우리는 서로를 인생의 주인공으로 만들어 주는 참 친절한 사진가들입니다. 사진을 잘 알건 알지 못하건 좋은 카메라를 갖고 있건 핸드폰 카메라를 사용하건, 누군가의 인생의 찰나를 담는 순간 우리는 모두 사진가가 됩니다. 잘 찍고 못 찍고는 큰 의미가 없습니다. 한번 지나가면 영원히 다시 오지 않을 지금 이 순간을 기록했다는 것이 중요할 뿐입니다.

사진이 넘쳐나는 세상에서, 그리고 수도 없이 많은 사진가들 사이에서 사진을 찍는다는 것은 결코 쉬운 일이 아닙니다. 하지만 나의 인생을, 다른 사람들의 소중한 순간을 남겨보겠다는 마음으로 세상을 바라보면 아름다운 사진이 보이기 시작합니다.

저는 사진가의 삶을 꿈꿔본 적이 없습니다. 아주 우연한 인연으로 사진의 세계에 발을 들였고 조니 뎁, 마이클 잭슨, 폴 매카트니 경 등 세계적인 스타들을 찍는 사진가가 되었습니다. 그게 어떻게 가능했는지 아무리 설명하려 해도 도무지 저의 세 치 혀로는 설명이 되지 않습니다. 저는 그래서 기적을 믿습니다. 서울 정릉에서 태어나 영어 한마디 못하고, 사진이라고는 어릴 적 친구들과 뒷골목에서 은밀히 돌려보던 '토끼 로고의 미국 잡지'에나 관심을 가졌던 제가 세계에서 가장 영향력 있는 그룹 비틀즈의 폴 매카트니 경과 무려 11년이나 일하고 있는 것은 기적이라는 단어 외에는 설명할 수 없습니다.

말썽만 부리던 고등학생은 대학에 보기 좋게 떨어졌고 당시 유행했던 스파르타식 기숙학원에서도 재수생 생활을 몇 개월 견디지 못하고 자퇴했습니다. 우여곡절 끝에 스물세 살이라는, 늦다면 늦은 나이에 런던으로 유학을 떠났고 한심한 제 인생의 앞길에 어떤 일이 펼쳐질지 아무도 알지 못했습니다.

꿈이 없었습니다. 목표도 없었습니다. 배경으로 삼을 만한 것이라곤 아무것도 없었습니다.

하지만 지금은 많은 이들이 저에게 "당신은 세상에서 가장 운이 좋으며 멋진 직업을 가지고 있다"고 이야기합니다.

이 책에서 저는 너무나 평범했던, 심지어 누가 '루저'라고 불러도 할 말 없었던 제 인생에 어떤 기적 같은 일들이 있었는지 낱낱이 기록하려고 노력했습니다. 공부, 스펙, 예술, 사진, 금수저, 바른생활 등과는 거리가 멀었던 제가 어떻게 지금의 자리에 오게 되었는지 알려주고 싶었고 다음 세대라는 이름으로 걷고 있을 인생 여행자들의 삶에 조금이라도 도움이 될 만한 지도 같은 책을 남기고 싶었습니다.

우리는 매일 인생을 찍습니다. 그리고 그 작은 수고들이 모여서 먼 훗날 작게 미소지으며 돌아볼 수 있는 아름답고 슬프고 기쁘고 아픈 삶의 기록들을 만들어 갑니다.

누구나 휴대폰에, 컴퓨터 바탕화면에 또는 책상 한 켠에 바라만 봐도 절로 흐뭇한 미소를 짓게 하는 따뜻한 사진이 하나쯤 있을 것입니다. 이 책 또한 삶에 지쳐 잠깐의 쉼을 갈망하는 누군가에게 잔잔한 즐거움과 위로와 희망 같은 존재가 되기를 간절한 마음으로 소망합니다.

1부.
사진가의 일, 사진가의 삶

. . [.] . .

'처음'의 떨림에서
얻은 것들

누구에게나 반드시 거쳐야 하는 '초보'라는 시간이 있습니다.

태어나서 처음 해보는 일을 프로처럼 잘하기란 누구도 불가능합니다. 두렵고 떨리고 어색합니다. 쿵쾅거리는 심장은 곧 터져버릴 듯하고 다리는 후들거리며 손은 땀으로 축축해집니다.

그런 수많은 경험과 시간이 조금씩 쌓이면서 프로페셔널의 길로 한 걸음씩 나아가는 거겠죠.

저 역시 심장 떨리던 사진 초보 시절이 있었습니다.

아주 기초적인 지식밖에 없던 저는 남들에게 잘 보이기 위해 보잘것없는 제 실력에 비해 과분하게 멋지고 비싼 카메라를 어깨에 메고 거들먹거리며 런던 길거리를 배회하곤 했습니다.

그러던 어느 날 런던의 조그만 한국식당에서 메뉴 사진을 찍어달라는 요청이 들어왔습니다.

경제적으로 무척 어렵고 배고팠던 때라 이 제안이 어찌나 반갑던지요. 런던에서 흔히 맛볼 수 없는 한국음식을 종류별로 먹어볼 수 있는 데다 너무 감사한 알바 비용까지, 팍팍하던 생활에 기쁘기 그지없는 소식이었습니다.

하지만 그 촬영을 진행하기에는 조금 (엄청나게) 커다란 문제가 하나 있었는데, 제가 음식사진을 찍어본 적이 단 한 번도 없다는 것이었습니다. 음식사진을 찍을 때 반드시 필요한 조명장비도 사용해본 적이 없었고요.

대개의 사진가들은 사진학교에서 이론과 테크닉을 배우고 스튜디오에 어시스턴트로 취직해서 각종 실무를 배웁니다.

하지만 전 그때까지 사진학교를 제대로 다녀본 적도 없었고 스튜디오 어시스턴트로 일해본 적도 없었습니다. 한마디로 배운 게 하나도 없었다는 말입니다. 급히 조명에 관한 책을 찾아보고 주변에 물어물어 가며 지금 생각해보면 말도 안 되는 준비를 했습니다. 몇 번이나 못한다고 말하고 싶었지만 한국음식에 대한 그리움 때문에 하게 되었습니다. '까짓것 음식사진쯤이야'라는 말도 안 되는 최면을 스스로에게 걸어가면서 말입니다.

그때는 디지털 카메라가 나오기 전이었습니다. 그래서 사진을 촬영하는 동안에는 사진이 잘 나오고 있는지 망하는 중인지를 전혀 알 수 없었고, 주방장 겸 사장님은 그저 열심히 맛있는 음식을 만들어 내셨습니다. 덕분에 전 그날 런던에서 처음으로 한국음식을 배 터지게 먹을 수 있었습니다.

그리고 며칠 후… 부끄럽기 그지없는 저의 첫 음식사진들이 그 식당의 메뉴와 벽을 장식하게 되었습니다. 사장님의 심정이 어떠셨을까…

하지만 그 사진을 시작으로 간간이 다른 한국식당에서도 메뉴사진 요청이 들어온 것을 보면 그렇게까지 망한 건 아닌 듯했습니다. 허기진 배를 달래기 위해 말도 안 되는 깡다구를 부린 보람이 없지는 않았던 겁니다.

그런 좌충우돌 어리바리 초보 시절 이후 어느덧 20여 년이 흘렀고 그동안 제 삶의 많은 것들이 변했습니다. 더 이상 배고 픔 때문에 절박한 심정으로 음식사진을 찍지 않아도 되고, 다채로운 조명 사용법을 배웠으며, 많은 경험과 경력을 쌓았습니다. 영국에서 16년을 보낸 후 미국 할리우드로 옮겨가 6년간 사진을 찍었고, 지금은 한국에서 잠시 살고 있습니다.

이름만 들어도 알 수 있는 세계적인 가수, 배우 등 많은 유명 인사들과 촬영을 했습니다. 제 스튜디오를 갖게 되었고 다양한 종류의 조명, 카메라 장비를 구비했으며 에이전트가 생기고 매니저가 생기고 어시스턴트가 생겼습니다. 심지어 이렇게 제 사진인생에 관한 책도 쓰고 있으니 아무리 생각해도 모든 것이 꿈만 같습니다. 밑바닥보다 더 비닥에서 시작한 사진인생이 이렇게 무럭무럭 잘 자라줄 줄은 꿈에도 상상하지 못했습니다.

하지만 그 와중에도 변하지 않은 한 가지가 있습니다. 처음 촬영할 때의 그 떨림입니다. 매번 새로운 촬영을 준비할 때마다 첫 촬영의 떨림과 긴장을 느낍니다.

그리고 나의 머릿속은 만 가지 고민들로 가득 찹니다.

이번 촬영에서 가장 중요한 것은 무엇일까? 어느 부분이 가장 어려울까? 모델은 내 지시를 잘 따라줄까? 성격이 까다롭지는 않을까? 헤어, 메이크업, 스타일리스트와 협업이 잘 이루어질까? 어떤 조명을 사용하는 것이 좋을까? 그 조명이 모델과 잘 어울릴까? 촬영 컨셉에 잘 부합할까? 주차공간이 부족하지는 않을까? 화장실은 깨끗한가? 컴퓨터는 잘 돌아갈까? 카메라에 이상이 생기지는 않을까? 음악은 무엇을 틀까?

그리고 가장 중요한…
사람들이 내가 찍은 사진을 좋아해줄까?

수많은 고민들이 촬영장의 아침을 가득 채웁니다. 묵직한 무게감이 저를 압박합니다. 조명을 세우고 컴퓨터를 켜서 카메라와 연결하고 어시스턴트를 모델로 세워놓고 빛을 테스트하는 동안 마음이 무겁게 떨립니다. 막상 찍어 봤는데 조명이 생각보다 마음에 들지 않으면 떨리는 마음에 조급함이 더해집니다.

하지만 제 얼굴에는 '모든 것이 계획대로 진행중이야'라는 차분한 가면이 씌워져 있습니다.

한참을 여러 가지 장비들과 씨름한 후에 촬영 준비가 끝나면 마음이 조금은 편해집니다. 하지만 실제 모델과 첫 셔터를 눌러서 모든 것이 맞아떨어지는 것을 확인해야만 잔뜩 움츠렸던 어깨가 비로소 펴지며 긴장에서 조금 해방될 수 있습니다.

20년 넘게 사진을 찍어왔으니 이제는 두려움과 초조함과 떨림에서 벗어났으면, 했던 적이 있습니다.

하지만 이내 마음을 고쳐먹었습니다.

심장 터질 듯한 긴장감, 식은땀에 두 손이 흥건히 젖을 만큼의 두려움이 있어야 촬영 하나하나를 전심全心으로 준비할 수 있다는 사실을 깨달았기 때문입니다.

어제 촬영이 잘 끝났으니 오늘 촬영도 당연히 잘될 거라는 교만함과 매일 끊임없이 싸웁니다.

사진에 대한 겸손함은 곧 배움 앞에서의 겸손함이 되고, 배움 앞에서의 겸손함은 저를 조금 더 좋은 사진가로, 조금 더 나은 사람으로 만들어줍니다.

20년 넘게 해온 일이어도 여전히 떨릴 수 있고 긴장할 수 있다는 것이 큰 축복임을 알았습니다.

왜냐고요? 떨림이 끝나는 순간 배우고자 하는 겸손함 또한 끝나기 때문입니다.

사진가가 될 수 있었던
뜻밖의 비결

선물은 받는 사람을 기쁘게 합니다. 전혀 기대하지 않았는데 받은 뜻밖의 선물은 더욱 그렇지요.

선물은 내가 뭘 잘해서 받는 게 아닙니다. 나에 대한 상대방의 사랑과 관심이 선물로 표현되는 것입니다.

저에게 사진은 그렇습니다. 잘한 것도 받을 자격도 없는 내가 누군가에게 받은 커다란 선물 같습니다.

어릴 적에 사진가가 되고 싶다고 꿈꿔본 적이 없습니다. 사실 무언가가 되고 싶다는 꿈 자체가 없었던 것 같습니다.

중고등학교 때는 고만고만한 친구들과 어울려 다니며 크고 작은 사고를 치는 게 전부였죠. 미래에 대한 준비나 고민 따위는 없었습니다. 주위에서 걱정하는 소리는 귓등으로 흘리면서 말이죠.

　그렇게 소중한 시간을 아무 생각 없이 흘려보내다 방송국 PD 혹은 영화감독이라는 꿈이 갑자기 생겼습니다. 어떤 사명이나 비전 때문은 아니고, 단지 예쁘고 잘생긴 사람들과 평생 재미있게 놀 수 있을 것 같다는 말 같지도 않은 생각으로 막연하게 시작한 거죠.

　그 꿈을 이루기 위해 대한민국에 있는 대학을 가기는 이미 늦은 터라 결국 유학을 가기로 결정했습니다. 그래서 떠난 곳이 런던입니다.

　1995년의 런던은 한국 유학생들에게 인기 있는 도시는 아니었습니다. 대부분 미국으로 유학을 갔고, 제 친구 몇몇도 뉴욕에서 유학을 하고 있었습니다.

　저도 뉴욕대학교 방송영화과가 유명하다는 이야기를 어디선가 듣고는 뉴욕 유학을 준비했습니다.

　친구 소개로 알게 된 유학원을 통해 뉴욕의 한 랭귀지스쿨에서 입학허가서를 받아 미국대사관에 유학 비자를 신청하고는, 그때부터 매일매일 거나한 송별회를 했습니다. 주변의 모든 사람들에게 눈물의 굿바이를 외치고 맛있는 저녁식사와 술을 잔뜩 얻어먹었습니다.

　하지만 저의 흥미진진한 인생은 무엇 하나 제 알량한 계획대로 흘러가게 두지 않았습니다.

미국대사관에서 서류심사를 거쳐 영사 인터뷰를 하는데 영사가 한심하다는 듯 한마디 했습니다.

"음… 자네는 왜 남학생이 여학교의 입학허가서를 받아왔지?"

결과는 '불허REJECT'였습니다. 소개받은 유학원이 경험이 거의 없는 초짜여서 잘 몰랐던 겁니다.

이미 친구들과 송별회를 백 번도 넘게 치러버린 저는 다시 수개월을 준비만 하며 기다릴 수 없었습니다. 결국 여기저기 수소문한 끝에 영국은 첫째, 같은 영어권이고(당연한 소리) 둘째, 비자 받기가 너무 쉬워서 공항에서도 비자를 받을 수 있다는 소중한 첩보를 입수, 뉴욕행 비행기 티켓을 런던행으로 바꿔 아무에게도 말하지 못한 채 1995년 4월 5일 파란 하늘이 너무나 아름답던 날, 런던에 역사적인 첫 발을 디뎠습니다.

우여곡절 끝에 떠난 영국 유학이지만, 그래도 유학을 가면 슈퍼모델 뺨치게 아름다운 영국 여인과 로맨틱하게 템스 강가를 거닐고 나의 유창한 영어실력을 맘껏 뽐내며 전혀 다른 두 문화의 만남을 축하하는 멋진 나날을 보낼 거라는 부푼 꿈이 있었는데, 정작 맥도날드에서 햄버거 하나 주문하기도 어려운 현실을 마주하며 아주아주 어두운 먹구름이 저의 설렘 가득했던 유학생활 위에 드리우는 것을 보았습니다.

4월에 도착해서 5개월가량 랭귀지스쿨에서 영어를 배우고 (5개월간 배우긴 뭘 그리 배웠겠습니까) 9월에 대학과정을 시작했습니다.

첫날 오리엔테이션 때는 교수님이 하는 말을 1도 못 알아듣는다는 충격에 '아 X 됐다!'만 속으로 연신 외쳤습니다. 점심시간이라고 다들 흩어졌는데 그것도 알아듣지 못해 텅 빈 강낭에 오랫동안 홀로 앉아 있는 것으로 저의 대학생활은 시작되었습니다.

영어를 준비하지 않고 시작한 유학생활은 재앙에 가까웠습니다. 게다가 저의 전공은 그룹과제가 대부분이어서 같은 그룹 학생들과의 긴밀한 커뮤니케이션이 중요했는데, 학생들이 열띤 토론을 벌일 동안 전 그저 눈만 껌뻑이며 눈치만 살피는 완벽한 루저의 모습이었습니다.

부족한 언어를 만회하기 위해 전전긍긍하다 우연히 알게 된 것이 사진이었습니다. 혼자 사진을 찍고 암실에서 현상하고 인화하는 순간이 학교에서 유일하게 즐길 수 있는 천국 같은 시간이었습니다.

인생에서 처음으로 공부라는 것을 하고 싶은 열망과 사진에 대한 열정이 샘솟을 무렵, 한국에서 'IMF 사태'라 불리는 무시

무시한 외환위기가 터졌습니다.

대한민국의 평범한 거의 모든 가정이 심각한 경제적, 정신적 타격을 입었고 저희 집도 예외는 아니었습니다.

1파운드에 1300원가량 하던 환율이 3000원을 훌쩍 넘어버렸고, 저도 더 이상 학비와 생활비를 감당할 수 없어 결국 학업을 중단하고 '런던에서 살아남기'의 고된 나날이 시작되었습니다.

영어가 익숙하지 않은 한국청년이 런던에서 할 수 있는 일은 그리 많지 않았습니다.

TV와 영화 프로덕션 사무실에 수도 없이 볼품없는 이력서를 보내보았지만 연락 오는 곳은 하나도 없었고, 그나마 다행히 태국 식당에서 주방 보조로 일하고 소호에 위치한 조그만 프렌치 식당의 서버로 일하며 하루하루 열심히 살아냈습니다. 하지만 너무 올라버린 환율은 언제 떨어질지 전혀 알 수 없었고, 식당에서 아침저녁으로 일하며 밝은 미래를 기대하기란 그리 쉽지 않았습니다.

그러던 어느 날 학교에 교수님의 추천서를 받으러 갔다가 작은 뉴스통신사에서 견습 사진기자를 찾는다는 구인광고를 보고 전혀 기대 없이 문을 두드려 봤는데, 그 문이 기적처럼 열렸습니다. 그때는 몰랐지만 제 새로운 인생의 서막에 해당하는 작지만 아주 거대한 사건이었지요.

비록 견습사원이었고 보수는 보잘것없었지만 저는 사진을 찍을 수 있고 사진 일을 배울 수 있다는 것 하나만으로도 기뻤고 흥분했습니다.

그때 제가 맡은 주 업무는 다른 기자가 찍은 사진을 현상기계에서 현상한 후 네거티브를 보고 좋아 보이는 프레임을 골라서 컴퓨터에 스캔해 저장하는 일이었습니다.

다행히 언어가 큰 걸림돌이 되지 않았고 사진에 대한 전문지식이 필요하지도 않았습니다. 바쁘지 않은 날에는 취재에 따라나가 사진을 찍으며 차근히 사진과 함께 내가 살고 있는 런던이라는 도시를 배워나갔습니다.

모든 일이 재미있고 신기했던 저는 가장 먼저 출근해서 가장늦게 퇴근하는 열의를 보였고, 조금이라도 도움 되는 사람이 되기 위해 남들이 꺼리는 궂은일과 힘든 일을 도맡아 했습니다.

함께 펍에 맥주를 마시러 가는 날에는 맥주를 제일 많이 마시면서, 말은 잘 통하지 않지만 모든 이에게 함박웃음을 날려주는 웃음의 마스코트가 되었습니다.

그때 터득한 중요한 삶의 지혜가 이것입니다. '웃자 웃어! 미소와 친절은 부족한 나를 채워주는 최고의 기술이다.'

긴 시간이 지나고 많은 경험을 하며 여기까지 왔습니다.

가끔 스스로 질문해봅니다.

내가 다른 사진가들보다 무엇이 더 뛰어나서 지금의 자리가 가능했을까?

사진의 신으로부터 천재적인 재능을 부여받았거나, 천재를 능가하는, 타의 추종을 불허하는, 전 세계에 하나뿐인 사진 실력… 따위는 물론 없고 만나는 사람들을 순식간에 홀려버릴 수 있는 뛰어난 말솜씨를 가지고 있지도 않고, 잘빠진 몸매와 조각 같은 외모는 더더욱 아니고

그럼 혹시…

미소와 친절?

전 다른 사진가보다 사진을 잘 찍을 수 있다고는 생각하지 않습니다.

하지만 다른 사진가보다 더 잘 웃고 더 친절할 수 있다고 자신합니다. 그리고 그것이 이 모든 것들을 가능케 했다고 믿습니다.

사진과를 나와야
사진가가 될 수 있을까?

사진가가 되는 길이 따로 정해져 있을까요?

전통적으로는 고등학교 때 즈음 사진으로 뜻이 정해지면 대학 진학을 위한 포트폴리오를 준비하고 대학에 들어가 본격적으로 사진을 공부합니다.

대학에서 열심히 사진을 찍으면서 사진의 여러 분야(순수예술, 패션, 상업, 정물, 다큐, 인물 등) 가운데 특히 하고 싶은 장르를 선택하고, 그에 맞는 포트폴리오를 다시 준비합니다. 대학을 졸업하면 그동안 피땀 흘려 준비한 포트폴리오를 가지고 해당 분야에 진출하기 위한 다양한 시도를 합니다.

몇 차례 가슴 쓰린 거절을 당하고 마음에 굳은살이 박일 즈음 간신히 스튜디오 어시스턴트로 취직하면 그때부터 학교에서 배우지 못했던 여러 가지 실무를 배우게 됩니다. 어시스턴트 시절은 사진 사부의 다양한 경험과 다년간 축적된 모든 노하우(여러 가지 카메라 사용법, 조명을 다채롭게 쓸 수 있는 기술, 클라이언트를 응대하는 방법, 스튜디오를 운영하기 위한 팁 등)를 배울 수 있는 매우 귀중하고 소중한 시간입니다.

그렇게 수년간 스튜디오 어시스턴트로 일하며 경험을 쌓고 나면 적당한 시기에 독립해 자신의 사진 인생을 시작합니다.

전 이와 달리 전혀 전통적이지 않은 방법으로 사진가의 길에 들어섰습니다.

어릴 적 사진가를 꿈꿔본 적도 없고 사진에 대한 정식 교육과정도 밟지 않았습니다. 대학에서는 미디어학과를 중퇴한 뒤 한참 동안 사진기자로 일하다 런던패션대학원의 늦깎이 학생으로 패션사진을 전공했습니다.

어시스턴트 경험도 없습니다. 가장 큰 이유는 제가 이미 모든 것을 알고 있어서… 는 결코 아니고, 어시스턴트 과정이 필요하지 않은 분야인 사진기자로 일을 시작했기 때문입니다. 사진기자로서 필요한 모든 것은 길거리와 책에서 배웠습니다. 책을 찾아봐도 풀리지 않는 문제는 동료 사진기자들에게 물어물어 알아냈습니다.

다행히 밝은 태양이 만들어주는 아름다운 자연광 아래에서의 촬영이나 카메라 플래시를 이용하는 촬영에는 전문지식이 그리 많이 필요하지 않았습니다. 하지만 인물사진의 매력에 흠뻑 빠지면서 시작하게 된 연예인의 초상사진은 달랐습니다. 수많은 조명기기에 대한 지식과 기술이 필요했습니다. 조명기술을 배우는 것은 생각만큼 쉽지 않았습니다. 작은 것 하나하나 스스로 알아내고 공부해야 했습니다. 스튜디오에서 1~2주면 배울 수 있는 간단한 조명기술을 알아내는 데에만 몇 달이 걸렸고, 사실 지금까지도 꾸준히 배우고 있습니다.

과연 이 끊임없는 배움의 길에서 '다 배웠다! 더 이상 배울 게 없구나!' 하게 될 날이 올까요?

지금도 생각하면 등줄기에 식은땀이 흘러내리는 조명사고(?)가 있습니다.

스파이스걸스의 투어를 성공적으로 마치고 그룹 멤버인 빅토리아 베컴과 가장 친근한 관계가 되어 투어 이후에도 그녀와 많은 작업을 함께했습니다.

그러던 어느 날 영국의 〈더 선데이 타임스 매거진The Sunday Times Magazine〉에서 빅토리아와의 인터뷰를 요청했고 빅토리아는 저에게 자신의 사진을 부탁했습니다.

그날 그 사건이 터졌습니다.

영국의 한적한 시골에 위치한 아주 고풍스러운 성에서 촬영이 진행되었고, 마음에 드는 몇 컷을 얻은 후에 빅토리아에게 타이트한 얼굴사진을 제안했습니다.

그리고 심혈을 기울여 준비한 회심의 조명을 세팅해서 어시스턴트와 테스트 촬영을 마치고 설레는 마음으로 빅토리아의 포즈를 잡은 후 첫 셔터를 눌렀는데…

오우 마이 사진!!!

제가 '대박이다' 생각해서 준비한 조명은 남자에게는 한없이 쿨한 룩을 만들어주지만 여자에게는 피부 땀구멍 하나하나까지 적나라하게 드러나게 하는 아주 못된 조명이었습니다!

저와 테스트했던 어시스턴트들은 다 남자였기 때문에 이런 어처구니없는 결과가 나올 줄 전혀 예상하지 못했던 거지요.

그날 빅토리아의 얼음장 같던 표정이 아직도 생각납니다. 그리고 그녀의 한마디.

"MJ, 이 사진은 앞으로 절대로 나에게 보여주지 말아줘!"

다행히 잘 나온 다른 사진들이 있어서 그 컷은 바로 폐기처분하고 전광석화처럼 매우 잽싸게 다음 컷으로 넘어갔습니다.

그날 엄청나게 크고 비싼 교훈을 얻었습니다.

남자 컷의 테스트는 남자와, 여자 컷의 테스트는 여자와!!!

하지만 어시스턴트 경험이 없다는 게 반드시 부족한 점으로 작용하지만은 않습니다.

다른 사진가들이 스튜디오에서 촬영할 때 어떤 느낌이나 스타일로 하는지 전혀 본 적이 없었기에 그저 제가 옳다고 생각하는, 또는 편안하다고 여기는 느낌만으로 묵묵히 촬영할 수 있었습니다.

좋아하는 노래를 아주 크게 틀고 샴페인도 몇 병 준비해두고 기분 좋으면 소리도 지르고 춤도 추면서 말이죠. (압니다, 좀 미친 놈 같은 거.)

그렇게 제가 하고 싶은 대로 1년, 2년, 촬영을 하다 보니 저도 모르는 사이에 저 MJ KIM만의 독특한 촬영 분위기가 생겨났습니다. 저와 촬영하면 누구는 매우 의아해하고 누구는 피식피식 웃기도 하고 누구는 함께 소리 지르며 춤을 춥니다.

외국에서 만난 수많은 사진작가 중에는 정규 사진교육을 받지 않고 바로 필드에 뛰어들어 막내부터 시작해 성공한 이들이 적지 않습니다.

그들이 공통으로 들려주는 이야기 하나는, 일을 찾고 취직하고 경험을 쌓고 발전하는 동안 누구도 그들에게 어느 학교를 나왔는지 묻지 않았다는 것입니다. 저 또한 외국에서 일하는 동안 단 한 번도 학력을 밝혀야 하는 상황이 없었습니다. 제가 그동안 준비한 사진들, 즉 포트폴리오로 승부할 뿐이었습니다.

우리도 언젠가 학력이나 스펙이 아니라 개개인의 실력과 경력으로 진검승부할 수 있는 사회가 되면 좋겠습니다. 물론 학력과 스펙이 필요한 분야도 있습니다. 학력은 없지만 할 수 있다는 자신감만 믿고 뇌수술을 맡길 수는 없는 노릇입니다. 다만 적어도 제가 아는 사진 분야에서는 그렇다는 얘기입니다. 유명한 대학 사진과를 나오지 않았어도 또는 대학 근처에도 가보지 못했어도, 수천만 원을 호가하는 고가의 카메라 장비가 없어도 유명 학원에서 준비시켜준 값비싼 포트폴리오가 없어도, 사진에 대한 사랑과 열정이 있으면 누구나 사진가가 될 수 있습니다.

어중이떠중이 그리고 명중이가 하는 것이 사진이기 때문입니다.

언어장벽

미국에서는 영어가 익숙하지 않으면 무시당할
위험이 간혹 있는데, 영국은 상황이 좀 다릅니다.
영국 특히 런던에는
다양한 국적의 사람들이 살고 있습니다.
모든 인종이 뒤섞여서 다양한 문화가 공존합니다.
주변 유럽국가에서 온 사람들부터
식민지 시대에 이주해온
인도, 파키스탄 사람들도 많습니다.

어느 날 어린 아들을 데리고 어린이집에 갔다가
굉장히 감동적인 장면을 보았습니다.
다섯 살 정도 되는 여자아이가 어린이집 선생님에게
엄마가 폴란드 사람인데 영어를 잘 못한다고
불평 아닌 불평을 했습니다.
나라면 저 아이에게 어떻게 대답해줬을까
곰곰이 생각해봤지만 적당한 답이 생각나지 않아서
선생님의 반응이 궁금해졌습니다.
"너희 엄마는 폴란드 말Polish을 완벽하고
멋지게 할 수 있단다. 거기다 이제는
영어도 할 줄 아시는 거잖아!
정말 멋진 엄마를 가진
네가 선생님은 너무나 부럽구나."

그 답을 들은 아이의 환하게 웃는 얼굴이
아직도 생생하게 기억납니다.

저는 스물세 살에 영국으로 유학을 가서
그때부터 영어를 배웠습니다.
아직도 저의 영어는 서툽니다.
하지만 사는 데 아무런 지장이 없습니다.
제가 문법에 맞게 말을 하는지
아무도 관심이 없습니다.
전 한국어를 완벽하게 할 줄 알고
영어도 어느 정도 할 수 있다는 자부심이
그때 생겼습니다.

얼마 전 한국에서 TV를 보는데
베트남 출신의 엄마를 둔 아이가
엄마의 서툰 한국어를 부끄러워하더군요.
그 아이에게 이 말을 꼭 전하고 싶습니다.

"아이야, 네 엄마는 베트남 말을 완벽하게 하시고
이제는 한국말도 하시잖아,
네 멋진 엄마가 정말 부럽구나!"

신문에 내 사진이
처음 실리던 날

　제가 아주 작은 뉴스 통신사 포토 뉴스 서비스Photo News Service
에서 견습사원으로 일하던 1999년 5월 4일, 영국 대법원에서
흥미로운 재판이 열렸습니다.

　1980년대에 큰 인기를 누렸던 영국 팝그룹 스판다우 발레
Spandau Ballet 멤버들 간에 저작권료 배분 문제로 소송이 붙었는
데, 워낙 인기가 있었던 그룹인지라 그 결과에 대중의 관심이
쏠렸습니다. 한국에서도 그들의 대표곡인 'True'가 큰 인기를
누린 바 있죠. 저도 그 노래를 익히 알고 있었지만 그룹 멤버들
은 전혀 알지 못했습니다.

　판결 후 멤버들은 영국의 대법원Royal Court of Justice 앞에서 기
자회견을 하겠다고 알려왔고, 수많은 신문과 방송국 기자들이

대법원에서 그들을 기다렸으며, 견습사원에 불과했던 저도 다른 기자들과 취재경쟁을 위해 떨리는 마음으로 그곳에 있었습니다.

영국도 한국과 마찬가지로 기자들이 법정 안으로 카메라를 가지고 들어가지 못하게 되어 있어서 한국과 비슷한 포토라인 시스템을 사용합니다. 큰 뉴스를 취재해본 경험이 전혀 없던 저는 뭘 어떻게 해야 하는지 모르고 누가 누구인지도 모르는 상황에서 다른 기자들의 눈치만 살피고 있었습니다.

비유해보자면 한국어가 아직 서툴고 한국 문화를 잘 모르는 새내기 외국인 사진기자가 서초동 법원에 나타날 예정인 '들국화' 멤버들의 사진을 찍어야 하는 상황이었다고 생각하면 될 듯합니다.

런던의 5월은 정말 아름답습니다. 파란 하늘과 따사로운 햇살, 살랑살랑 불어오는 봄바람… 영국인이 사랑하는, 우유와 설탕을 적당히 넣은 밀크티 한 잔을 손에 들고 동료 사진기자들과 서투른 영어로 시시한 잡담을 하며 시간을 죽였습니다.

사진기자의 일은 10%는 촬영, 10%는 사진편집과 송고, 나머지 80%는 무료한 기다림의 연속이라 해도 과언이 아닐 만큼 기다림은 기자들의 일상입니다. 가령 기자회견이 1시라고 정해져 있어도 좋은 앵글의 자리를 차지하려면 적어도 한두 시간 먼저

Last dance from the Ballet that went bust

Real Lives Spandau Ballet were a bunch of tight-knit friends who became one of the top bands of the 80s. Then they split and the arguments over royalties began. **Amelia Gentleman** on how the best of mates can become the best of enemies

If Aesop were alive today and struggling to attract a more modern audience, he could do worse than tackle the fable of the pop group and the contract...

each other across the court room, in an undignified squabble over a verbal agreement apparently made sometime in the early 1960s.

The three who lost are now on a...

described the result as a "bombshell".

Sitting in the bar of a north London hotel, once a favoured post-gig haunt, the three admit to being very disillusioned by their experience in court.

...ing in each other's pockets," Norman says. "We'd hang out with each other after the rehearsals. We'd spend hours sitting in each other's bedrooms dreaming about what we were going...

도착해야 합니다. 그렇지 않으면 작은 사다리를 타고 위로 올라가거나 포토라인 끝에 비집고 들어가 예쁘지 않은 앵글로 사진을 찍을 수밖에 없습니다. 언어와 경험 등 모든 것이 부족했던 저는 어느 곳이든 다른 사람들보다 훨씬 먼저 도착해서 기다렸고, 일찌감치 확보한 좋은 자리는 좋은 사진을 찍는 데 큰 도움이 되었습니다.

그 많은 기다림을 다른 사진기자들과 함께하다 보니 그들과 자연스럽게 친해졌고 그때의 친분은 지금까지도 따뜻하게 이어지고 있습니다. 대부분 팔팔한 청춘이었던 우리는 서로의 결혼식에 참석했고 아이들의 탄생을 축하했으며 늙어가는 서로의 모습을 보고 낄낄거리며 옛날을 회상하는 오랜 친구가 되었습니다.

한참 기다린 끝에, 재판을 마친 스판다우 발레 멤버들이 법정에서 나오고 기자회견이 시작되었습니다.

저는 그들이 무슨 말을 했는지 판결이 어떻게 나왔는지 전혀 모르는 채 카메라의 셔터를 연신 눌러대며 36프레임이 들어 있는 ASA400짜리 필름 두 통을 소진했습니다.

그렇습니다. 그때는 아직 디지털 카메라가 출시되기 이전이었습니다! 그날의 날씨에 따라 필름을 선택해야 했고 필름과 현상 등 모든 것을 경비로 지불해야 했기에 사진 한 장 한 장을 신중히 찍어야 했습니다.

제가 일하던 회사의 사장님도 열심히 취재하며 사진을 찍고 있었기에 전 그분과 조금 다른 앵글을 잡으려고 분주히 움직였습니다. 그렇게 찍은 필름들을 사무실로 가지고 돌아와 최대한 빨리 현상한 후 사진을 스캔하고 각 신문사에 송고하는 것으로 제 첫 취재는 끝이 났습니다.

그리고 다음 날, 회사 보스의 사진을 제치고, 로이터나 AP 등 대형 통신사 사진들도 제치고 영국의 4대 일간지 중 하나인 〈가

디언〉지에 제가 찍은 사진이 인쇄되는 평생 잊히지 않을 첫 경험을 했습니다. 어제 내가 찍은 사진을 오늘 신문에서 보는 경험은 매우 감격스러웠습니다. 대부분의 사람들에게는 신경 쓰지 않고 넘겨버릴 사진이었겠지만 저에게는 마치 그날의 신문이 제 사진을 위해 존재하는 듯, 나만의 작은 전시회를 영국인 전체와 함께하는 기분이었습니다.

저녁 무렵 혼자 사무실에 앉아 흐뭇한 미소를 지으며 신문에 실린 사진을 넋 놓고 바라보는데 '이렇게 사진을 찍으면서 평생을 살아도 나쁘지 않겠네'라는 생각이 잠시 스쳐 지나갔습니다.

게티이미지를
떠나다

게티이미지 유럽지사의 엔터테인먼트 수석 사진가로 3년째 일하던 2007년 중반, 프리랜서로 독립하겠다는 결심이 섰습니다.

게티이미지에서 일하는 동안 세계를 여행하며 많은 경험을 쌓았고 다양한 분야의 사람들을 만나 좋은 네트워크를 만들었으며 영국에 국한된 시야를 유럽, 미국, 아시아 등지로 넓혀갈 수 있는 고마운 기회도 생겼습니다. 항상 새로운 도전과 배울거리를 찾던 저는 그 3년의 소중한 시간 동안 정말 많은 것을 배울 수 있었습니다.

하지만 배움의 연속이었던 꿈같은 날도 결국 끝이 보이기 시작했습니다. 더 이상 새로움은 없고, 반복되는 일상 속에 매너리

즘에 빠져들며 발전은 고사하고 조금씩 퇴보한다는 느낌이 들기 시작했습니다.

매달 꼬박꼬박 은행계좌에 꽂히는 월급은 감사했지만 한편으로는 저를 '도전'이라는 꿈에서 멀어지게 하고 눈앞의 편안함에 길들게 하는 족쇄 같다는 생각이 들었습니다.

팔 벌리고 기다리는 클라이언트가 있는 것도 아니었고 빵빵한 은행잔고가 있는 것도 아니었습니다. 하지만 자신 있었습니다. 그동안 쌓아온 인맥이면 성공할 수 있으리라는 막연하지만 강한 자신감이었습니다.

어린 첫째와 곧 태어날 둘째가 있는 가장이었는데, 지금 생각해보면 밑도 끝도 없는 무책임한 자신감이긴 했습니다.

합리적인 의심을 하는 아내에게 저는 곧 전 세계에서 눈코 뜰 새 없을 만큼 촬영의뢰가 들어올 테니 지금 한가할 때 남편 얼굴을 실컷 봐두라는 기약 없는 큰소리를 쳤습니다.

하지만 프리랜서의 세상은 그렇게 호락호락하지 않더군요.

전 세계 클라이언트의 연락을 기다리며 하루에도 수백 번 전화기를 쳐다보고 혹시 꺼진 건 아닌가 싶어 들었다 놓기를 수십 번, 정크메일로 가득 찬 이메일박스도 1분에 한 번씩 들여다봤습니다.

그렇게 하루, 이틀, 일주일, 한 달이 지나갔습니다.

저의 자존감과 함께 은행잔고가 바닥을 칠 무렵, 혼자 잘난 척하며 사막을 횡단하던 어리석은 가장이 가족 전체를 모래지옥에 몰아넣기 직전에 오아시스 같은 기적적인 전화 한 통을 받았습니다.

영국이 낳은 세계적인 여성그룹 '스파이스걸스'의 매니지먼트 회사에서 곧 시작될 재결합 투어의 포토그래퍼를 물색 중인데 저와 미팅하고 싶다는 내용이었습니다.

절벽 끝자락에 아슬아슬하게 서 있던 저는 이것이 놓쳐서는 안 될 기회임을 직감했습니다. 어떤 조건이든 잘 협상해서 성공적으로 촬영을 끝내면 이후 수많은 기회가 찾아올 거라 확신했습니다.

그들이 이미 여러 명의 포토그래퍼와 미팅했으며 요구조건 또한 매우 까다롭다는 귀띔을 받고 미팅에 나갔습니다.

그동안 제가 찍었던 공연 사진들도 정성껏 정리해서 가져갔습니다. 그들이 제 사진을 한 장 한 장 넘길 때마다 너무나 긴장한 탓에 입은 바짝바짝 마르고, 심장은 밖으로 튀어나올 것 같았습니다.

포트폴리오를 다 본 그들의 입가에 엷은 미소가 아주 잠시 나타났다 사라졌습니다.

그리고 저의 진심이 담긴 한마디가 떨리는 성대를 통해 조그마하게, 하지만 분명하게 나왔습니다.

"사진이 마음에 든다면, 나는 당신들의 제안이 무엇이든 전적으로 수용하겠습니다. 그리고 나를 고용한 당신들을 평생 자랑스럽게 만들겠습니다."

"OK, 상의한 후에 연락할게요."

피 말리는 며칠을 보낸 후, 세상에서 가장 흥분되는 연락을 받았습니다. 스파이스걸스에서 저를 선택했다는 겁니다.

나중에 알게 된 내용인데, 스파이스걸스 측의 까다로운 조건 때문에 사진 에이전시와의 계약은 애초에 불가능했으며 오직 프리랜서 사진작가하고만 계약이 가능했다고 합니다. 제가 불과 몇 달 전 프리랜서로 독립했기 때문에 계약이 가능했던 겁니다.

제가 편안하고 안정적인 월급에 매여서 게티이미지를 퇴사하지 않았다면 스파이스걸스와의 촬영 기회는 없었겠죠. 그 작업 덕분에 연결된 이후의 여러 만남들도 결코 없었을 겁니다.

인생을 살면서 우리는 매일매일 크고 작은 결정을 내립니다. 오늘 저녁에는 무얼 먹을지, 보고서를 어떻게 작성해야 할지, 올해 휴가는 어디로 떠날지, 이 사람과의 만남을 계속 이어가야 하는지, 어떤 직업을 선택해야 할지 등 수많은 결정이 기다리고 있습니다. 그중 무엇이 옳고 무엇이 그른지, 우리는 미리 알 수 없습니다.

그동안의 경험과 배움, 사람들의 조언과 충고를 바탕으로 '이

것이 최선이겠지' 하는 마음으로 결정해 나갈 뿐입니다.

하지만 때때로 우리의 심장을 요동치게 하고 피를 끓게 만드는 마음의 소리가 있다면 반드시 귀를 기울여야 합니다. 이론상으로 불가능하고 경험상으로도 결코 해서는 안 될 것 같고, 많은 사람들이 그 길은 아니라며 내게 미친놈이라고 만류할 때 오직 내 안의 소리에만 집중하고 '내가 생각해도 이건 미친 짓이야' 싶은 결정을 내려야 할 때가 있습니다.

세상은 개척자pioneer와 추종자follower로 나뉩니다. 추종자 그룹에 있을 때는 편안함과 안정감을 누릴 수 있습니다. 하지만 그 편안함과 안정감을 박차고 나와 불안하고 떨리는 마음으로 자신만의 길을 개척하며 나아갈 때, 운명의 신은 당신을 향해 엷은 미소를 짓고 있을지도 모릅니다.

콤플렉스라는 오해

외국에서 이민자로 살아가면서
여러 가지 콤플렉스가 있었습니다.
단연 첫 번째는 영어가 나의 모국어가 아니라는
언어의 콤플렉스,
두 번째는 백인사회에 끼어 사는
유색인종이라는 인종의 콤플렉스,
세 번째는 다른 사진가들과 나를 비교하며 생기는
실력의 콤플렉스였습니다.
그러나 콤플렉스라는 것은
내가 스스로 만들어내는 것이더군요.
아무도 저에게 '네가 하는 영어 아주 웃겨'라고
말하지 않았습니다.
저에게 '황인종 저리 가' 하는 사람도 없었습니다.
그리고 '내 사진이 네 사진보다 더 좋아'라고 하는
사진가도 없었고요.
이 모든 것이 내가 만들어낸
'콤플렉스'라는 이름의 환상이었습니다.

그것을 깨닫고
전 콤플렉스와 헤어졌습니다.

"너의 사진이
더 이상 날 흥분시키지 않아"

우리는 자신이 소유하고 누리는 것들의 소중함을 종종, 자주,
아주 쉽게 잊곤 합니다.

당연하다고 생각하던 무언가가 갑자기 사라질 위기에 처하
면 그때서야 내가 얼마나 감사한 줄 모르고 살았는지, 훨씬 커
다랗고 좋아 보이는 남의 떡에만 관심을 두면서 내가 가진 떡
을 얼마나 개떡 취급했는지 뒤늦은 후회를 하곤 합니다. 떠나간
연인, 무심히 낭비한 하루, 다니던 직장, 소유했던 물건 등에 말
이죠.

폴 매카트니 경과의 인연은 2008년으로 거슬러 올라갑니다.
스파이스걸스 투어를 성공적으로 마치고 제 주가도 상승세를

타게 되었습니다. 마침 스파이스걸스의 투어를 함께한 홍보 책임자인 스튜어트 벨Stuart Bell이라는 친구가 폴 매카트니 경을 소개해주었습니다.

폴 경과의 첫 촬영은 그의 고향인 리버풀 공연이었습니다. 그때는 평생 한 번밖에 없을 소중한 경험이라 생각하고 정신 없이 무대와 스타디움 곳곳을 날아다니다시피 하며 한 컷이라도 더 찍기 위해 온몸을 내던졌습니다. 리허설 중 폴 경이 직접 연주하는 'Yesterday'를 처음 들었을 땐 정말 온몸에 전기가 흐르는 듯 찌릿한 전율과 흥분에 휩싸였던 기억이 납니다.

그렇게 열심히 뛴 열정이 통했는지, 리버풀에서 끝날 줄 알았던 폴 경과의 인연은 우크라이나 키예프에서의 독립기념 공연으로 이어졌고, 2009년의 '굿 이브닝 유럽Good Evening Europe' 투어에 이어 2010년 미국 투어에서도 포토그래퍼로 발탁되며 그와의 긴 여정이 시작되었습니다. 평생 꿈도 꿔본 적 없었던 폴 매카트니 경의 투어 포토그래퍼가 된 것입니다.

그의 투어팀에 합류해 전 세계를 여행하며 저는 공연 전 준비로 긴장감이 흐르는 백스테이지, 환상적인 공연이 펼쳐지는 화려한 무대 위, 새로운 음반을 만드는 활기찬 녹음실 등에서 살아 있는 전설의 일거수일투족을 한 프레임, 또 한 프레임 담아나갔습니다.

공연 중에는 무수히 많은 사람들이 제 어깨를 두드리며 "세계 최고의 직업이야!" 하고 엄지 척 올려주고, 전 "훗훗, 알고 있지요"라고 대답하며 함박웃음을 짓는 행복한 날들의 연속이었습니다.

하지만…

언감생심 꿈도 꿔본 적 없던 일이어서였을까요? 투어를 거듭하는 동안 '내가 꿈꿔왔던 사진가의 일은 무엇이었지? 이건 아니었던 것 같은데…'라는, 정말 복에 겨워 복을 걷어차는 생각이 스멀스멀 올라오기 시작했습니다.

유명 잡지에 실린 연예인의 커버사진 또는 글로벌 기업의 다양한 광고사진들이 더 멋져 보였습니다. 그렇게 '내가 정말 하고 싶었던 일은 이게 아니야'라고 되뇌며 내 일에 만족감을 잃어가던 때가 있었습니다.

사람은 참 신기한 동물인 것 같습니다. 바로 얼마 전까지 세상을 다 얻은 듯 즐거워하고 기뻐하고 흥분하고 감사했던 그 모든 긍정적인 감정들이 거대한 쓰나미에 휩쓸려가듯 한순간에 사라져버리고, 내가 가지지 못한 것들에 대한 동경과 아쉬움과 질투가 나의 세상을 가득 채우기 시작했습니다.

사진작업의 결과물은 사진가가 쏟아부은 열정에 정비례한다고 생각합니다.

어떻게 하면 더 멋진 공연사진을 카메라에 담을 수 있을지 고민하고 다른 사람들의 사진과 예술작품을 공부하며 더 나은 사진가를 꿈꿨을 때 제 사진은 조금씩 발전했습니다.

하지만 그런 열정 없이 질투와 동경만 가득한 사람의 사진은 과연 어땠을까요.

최고의 자리에서 최고의 아티스트와 최고의 작업을 하면서도 남의 떡에만 눈길을 빼앗기며 내가 가진 것에 만족하지 못하고 기뻐하지 못하던 어느 날, 폴 경과 미국 어느 공연장 무대 뒤 그의 방에 앉아 전날 찍은 공연사진을 보며 이야기를 나누던 중 평생 잊지 못할 한마디가 폴 경의 입에서 흘러나왔습니다.

"MJ, 너의 사진들이 더 이상 나를 흥분시키지 않는데… 어떻게 했으면 좋겠는지 한번 생각해보겠니?"

그 순간 아주 굵은 식은땀 한 줄기가 나의 뒷목을 타고 흘러내리며, 마치 나쁜 짓을 하다가 현장을 딱 들켜버린 어린아이처럼 온몸이 얼어붙는 것 같았습니다. 평생 느껴보지 못한 패배감과 좌절감 그리고 죄책감에 휩싸였습니다.

나를 믿고 맡겨준 폴 경을 배신했다는 좌절감,

내 것에 만족하지 못하고 다른 것을 동경하며 내 일을 사랑하

지 않았다는 죄책감,

그리고 내가 누리는 이 모든 것이 한꺼번에 날아갈 수 있다는 공포감까지.

제 눈꺼풀에 씌워졌던 흰 비늘이 (〈반지의 제왕〉에서 사루만의 사악한 마법으로 현실을 제대로 볼 수 없었던 불쌍한 로한 제국의 테오덴 왕처럼) 벗겨지는 순간이었습니다.

내가 도대체 무슨 짓을 한 거지?

내가 도대체 무슨 생각을 한 거지?

"죄송합니다. 제 불찰입니다. 앞으로 더욱 열심히 하겠습니다."

다른 말은 생각도 나지 않았습니다.

아직도 이때를 생각하면 온몸에 소름이 돋고 식은땀이 납니다. 그리고 저에게 다시 한 번 기회를 준 폴 경에게 감사하는 마음은 평생 잊지 못할 것입니다. 회사로 치면 폴 경은 기업의 회장이고 전 홍보부 직원인 셈이죠. 제 사진이 더 이상 마음에 들지 않는다면 굳이 저와 면담할 필요도 없이 매니저에게 "세계에서 가장 유능한 사진가를 찾아보세요"라고 지시하면 그와 함께 일하고 싶어 하는 사진가들 수천 명의 포트폴리오를 받아볼 수 있습니다.

하지만 그는 그렇게 하지 않았습니다.

그는 저와 얼굴을 맞대는 수고를 하고 제게 재기할 기회를 주었습니다. 살아 있는 전설에, 이렇게 멋지기까지 한 사람이 나의 보스라니…

이후 삶을 향한, 일을 향한 제 태도는 완전히 바뀌었습니다.

만족하지 못하고 기뻐하지 못했던 일이 내 눈앞에서 사라질 뻔한 경험을 하고 나자, 그 일이 얼마나 소중한지 절실히 깨닫게 되었습니다.

제 사진은 다시 조금씩 발전하기 시작했고 함께 일하는 동료들, 콘서트를 즐기러 오는 관객들을 대하는 매너도 좋아졌습니다.

무엇보다도, 매일의 삶과 일에 대한 감사와 즐거움이 돌아오기 시작했습니다.

이제 폴 경과 함께한 시간이 11년째를 지나고 있습니다.

내가 나를 존중하지 않으면
아무도 나를 존중하지 않아

런던에서 한 번은
인도에서 오신 나이 지긋한 시타르 연주자를
촬영하기 위해 꽤 유명한 클럽에 갔습니다.
금요일 이른 저녁이었는데도 클럽 안은
여러 유형의 쿨한 사람들로 붐볐습니다.
드디어 시타르 연주자들이 자리에 앉아 사람들이
조용해지기를 기다렸지만, 저마다 떠드는 소리는
전혀 줄어들 기미가 보이지 않았습니다.
그러던 중 한 인도 청년이 큰소리로
"멀리 인도에서 오신 연주자들을 존중해주세요,
조용히 해주세요"라고 외치자
순식간에 클럽 안은 조용해졌고
시타르 연주자들은 멋진 연주를 시작할 수 있었습니다.
그때 깨달았습니다.
내가 나를 스스로 존중하지 않으면
아무도 먼저 나를 존중하지 않는다는 것을.
멀리 인도에서 온 청년이 영국이라는
강대국 사람들에게 주눅 들지 않고 당당히
존중RESPECT을 요구하자 존중이 이루어졌습니다.
겸손이라는 단어를 정말 좋아합니다.
겸손한 모습은 더욱 좋아합니다.

하지만 지나친 겸손은 자칫 비굴해 보일 수 있습니다.
그 당당했던 인도 청년에게서 내 것에 대한
자부심을 보았고,
그 모습은 참 매력적이었습니다.
내가 가지고 있는 것을 겸손하게, 하지만
당당하게 보여주고 싶어서
오늘도 열심히 사진을 찍습니다.
갑자기 멋진 판소리 한마당이 보고 싶어집니다.

직사각형 안에
숨은 열정

사진이 무작정 재미있었습니다. 더 재미있는 사진을 찍기 위해 재미있는 사람들과 재미있는 곳을 찾아다녔습니다. 그러다가 런던 소호에 있는 자주 놀러가던 클럽에서 사진을 찍기 시작했습니다. 그곳에는 서울에서 보지 못하던 흥미로운 사람들이 많이 모여 있었습니다. 어설픈 영어로 사람들을 만나고 얘기하고 술 마시고 춤추고 사진을 찍었습니다. 최고의 사진을 찍어야 한다는 강박관념 따위는 없었고, 주제를 정해서 컨셉에 맞게 찍는 것도 아니었습니다. 그저 눈앞에 있는 재미있는 사람들과 즐거운 광경을 즐기며 사진을 찍었습니다. 사진을 잘 알지도 못했고 테크닉도 별 볼 일 없었습니다.

하지만 지금 그 사진들을 보면 조그마한 직사각형 프레임 안

에 넘치는 즐거움과 뜨거운 열정이 보입니다.

남들에게 보여주기 위한 사진이 아니라 내가 즐겁고자 찍은 나의 사진들입니다.

다른 사람들의 평가를 의식하지 않은 나만의 사진, 그런 사진들이 쌓여 나의 조그만 세상이 만들어집니다.

언제쯤이면 나도 남들이 뭐라든 개의치 않고 나의 길을 뚜벅뚜벅 걸어갈 수 있을까요.

요즈음 들어 자기 색깔과 개성이 뚜렷한 젊은 친구들이 많이 보입니다. 대기업에 다니지 않아도, 남들이 부러워하는 '사' 자가 들어간 직업이 아니어도, 경제적으로 크게 성공하지 않아도 소소하지만 자신이 좋아하는 확실한 길을 가고 있는 친구들을 보면 멋져 보이고 심지어 부러워집니다.

초창기에 가졌던 열정이 되살아나길 간절히 바랍니다.

인스타의 '좋아요' 숫자가 쌓이기만을 기다리는 사진이 아닌 내 심장이 쿵쾅거리고 손바닥이 땀으로 젖어가는 그런 열정적인 사진을 다시 찍을 수 있기를 간절히 소망합니다.

"And in the end, the love you take is
equal to the love you make"

2008년 폴 매카트니 경의 투어 포토그래퍼로 처음 간택(?)되어 음악계의 살아 있는 전설과 함께 지구 구석구석을 여행하면서 그분의 공연을 촬영하게 되었을 때의 흥분은 지금도 말로 표현하기 어렵습니다. 오직 기쁨과 감격의 나날이었습니다.

폴 매카트니의 노래를 직접 듣고 보기 위해 전 세계의 수많은 사람들이 큰돈을 지불하고 공연장을 찾을 때 저는 오히려 폴 경에게 돈을 받고 누구보다도 가까운 곳에서 그분의 노래를 들으며 매번 감동이 몰아치는 꿈만 같은 공연을 촬영하고 있습니다.

폴 매카트니의 공연에서 제가 느끼는 가장 큰 감동은 전 세계 어디를 가든 공연장을 가득 채우는 수만 명의 다양한 관중이 피부색, 나이, 성별, 종교, 지역을 뛰어넘어 한 목소리로 사랑을 노래한다는 것입니다.

젊은 아빠와 어린 딸아이가 'Hey Jude'를 함께 따라 부르며 서로에게 미소 짓습니다. 나이 지긋한 노부부가 'Love Me Do'의 아름다운 선율에 맞춰 행복한 춤을 춥니다. 중년의 부인이 'Yesterday'를 부르며 뜨거운 눈물을 흘립니다. 그녀의 손에는 '당신의 노래와 함께 암을 극복했습니다. 감사합니다, 폴'이라는 포스터가 들려 있습니다.

그리고 팬들이 보내는 수많은 찬사와 박수갈채, 준비해온 포스터들, 폴 경은 그 어느 것도 당연하게 여기지 않고 하나하나 천천히 바라보며 진심으로 고마워합니다.

폴 경은 평생 가수를 업으로 삼으며 800여 곡을 썼고 지금도 아름다운 노래를 끊임없이 만들어내고 있습니다.

어느 날 기자가 폴 경에게 당신의 수많은 노래 중 공연에서 부를 노래는 어떻게 선정하는지 물었습니다. 그날 폴 경의 답변은 제 맘속 깊숙이 새겨졌습니다.

"내 공연을 보기 위해 사람들은 소중한 시간과 돈을 투자합니다. 난 그렇게 오는 관객들이 정말 즐겁고 오랫동안 기억에 남을 시간을 갖고 돌아가기를 바랍니다. 그래서 내가 부르고 싶은 노래보다는 그들이 듣고 싶은 노래는 무엇일까 염두에 두고 곡을 선정합니다."

얼마나 멋지고 진실된 답변인지… 슈퍼스타인 '나'가 아닌 관객을 먼저 생각하는 겸손한 마음씨를 옆에서 오랫동안 지켜보며 많은 것을 배웠습니다.

제가 좋아하는 폴 경의 노래는 다양합니다. 공연 중에 카메라를 내려놓고 신나게 춤추게 만드는 'I Saw Her Standing There'부터 1960년대 미국의 인종차별 문제를 알리기 위해 만든 서정적인 노래 'Blackbird', 사랑하는 아내 린다를 생각하며 부른 열정이 끓어넘치는 'Maybe I am Amazed', 꿈에 들은 아름다운 선율이 실제로 아름다운 노래가 된 'Let It Be', 2018년에 발매되어 미국 차트 1위를 기록한 앨범 〈Egypt Station〉 수록곡 중 왕따bully를 멈추라고 부르짖는 'Who Cares'.

그 많은 곡 중에서도 제가 가장 좋아하는 곡은, 언제나 폴 경의 공연 피날레를 화려하게 장식하는 〈Abbey Road〉 앨범 수록곡 'The End'입니다.

그 이유는, 이 곡의 짧은 가사 중 "And in the end, the love you take is equal to the love you make"라는 구절이 언제나 저의 심장을 뛰게 하기 때문입니다.

이 땅에서 마지막 숨을 내쉴 때 가지고 갈 수 있는 사랑은 내가 평생 베풀었던 사랑만큼이라는 아름답고 의미심장한 가사를

20대의 젊은 폴은 어떻게 쓸 수 있었을까요. 그래서 많이 부족하지만 서노 사랑하는 내 아내, 내 아이들 그리고 사랑이 필요한 누군가와 가능한 한 많은 추억과 사랑을 만들려고 노력합니다.

이 노래를 좋아하는 또 다른 큰 이유는… 이 노래가 나오면 이제 공연이 끝나서 집에 갈 수 있기 때문입니다.

아무리 좋은 노래와 훌륭한 공연과 멋진 보스가 있어도 일은 일인 거죠.

어떻게 하면 지난 300회가 훌쩍 넘는 공연과 다르게 촬영할 수 있을지 더 이상 고민하지 않아도 되는 순간입니다.

같은 가수의 공연은 2년 정도에 한 번씩 이름과 컨셉을 새롭게 바꾸지만 사실 그렇게 많이 달라지지는 않습니다. 가수가 선호하는 스타일과 변함없이 불리는 노래들이 있기 때문입니다. 폴 경이 마이클 잭슨처럼 문워크 같은 새로운 춤을 개발하는 춤꾼도 아니고 말입니다.

그렇다고 해서 사진도 늘 같을 수는 없습니다.

유방암으로 안타깝게 일찍 세상을 떠나버린 폴 경의 첫 번째 아내 린다 매카트니는 유명한 사진작가였습니다. 두 분이 처음 만난 곳도 비틀즈의 〈롤링스톤〉 지 촬영현장이었다고 합니다. 그런 이유로 폴 경은 사진에 관심이 많을뿐더러 재능까지 있어서 공연을 마치면 제가 찍은 사진을 함께 보며 평가하는 시간을 갔습니다. 사실 무척 긴장되는 시간입니다.

같은 공연이지만 새로운 사진을 만들어야 한다는 커다란 부담감이 저를 더 열심히 뛰게 만들었습니다. 전 세계에 존재하는 각양각색의 카메라와 다양한 종류의 기술을 시도해보았고 공연 중에 바람처럼 뛰어다니면서 무대 위, 무대 아래, 관중석, 공연장의 천장(네, 정말로 수십 미터 높이인 스타디움의 천장에 안전줄과 안전모를 쓰고 올라가서 사진을 찍었습니다) 등 새로운 앵글을 위해서라면 공연장 구석구석 안 가본 곳이 없습니다.

이렇게 매 공연마다 새롭고 멋진 사진을 찍기 위해 동분서주 고군분투하며 촬영하다가 'The End'가 흘러나올 때의 기쁨과 홀가분함이란 이루 말할 수가 없습니다. 그날 촬영을 잘했건 못했건 이제는 돌이킬 수 없고, 남은 것이라고는 무대 뒤에서 떠나는 폴 경을 마지막으로 촬영하며 하이파이브를 하는 일뿐입니다.

더욱이 그날이 투어 마지막 날일 경우에는 집에 간다는 즐거움으로 모든 스태프가 한껏 들뜬 축제 분위기가 됩니다. 누구에게나 집이라는 곳은 최고급 6성급 호텔보다도, 아름다운 그 어떤 도시보다도 이 세상에서 가장 안락한 곳인가 봅니다.

몇 년 전에 미국 친구들과 부부동반으로 라스베이거스에 놀러가서 오랫동안 별렀던 첫 문신을 했습니다. 문신은 한 번 하면 평생 가는 것이어서 오랫동안 심사숙고했습니다. 단지 멋있어 보이거나 쿨해 보이는 것이 아니라 저에게 가장 큰 감동과 의미가 있는 무엇인가를 찾고 싶었습니다.

지금 저의 왼팔에는 'The End'의 가사가 아름답게 새겨져 있습니다.

런던, LA, 서울

런던에서 15년, LA에서 6년,
그리고 지금은 서울에서 살고 있습니다.
주변 사람들이 종종 세 도시 가운데
어디가 가장 좋은지 물어봅니다.
곰곰이 생각해보았습니다.
음… 런던은 이래서 좋고
LA는 저래서 좋고 서울은 또 이래저래서 좋고…
각각의 도시마다 장단점이 있을 텐데
단점은 떠오르지 않고 장점들만 자꾸 생각납니다.

사진을 찍을 때에도 다행히
사람의 장점이 먼저 눈에 들어옵니다.
좋은 점이 자꾸 보이니 그 사람이 점점 좋아집니다.
좋아하는 사람의 사진을 찍는 것은
참 행복한 일입니다.

모든 것이
부족했던 시절

어린 시절 기억 속 아버지라는 존재를 떠올려보면 항상 바쁘셨고 집에 계신 경우는 드물었던 것 같습니다. 항상 '다른 집 아버지들은 집에 계실 때 무엇을 하실까' 궁금해하곤 했습니다. 그러던 중 부모님은 일 때문에 서울 근교로 이사하셔야 했고 저와 두 살 많은 누나는 서울에 남게 되었습니다. 가끔 주말에 뵙는 부모님은 그리 행복해 보이지 않았습니다. 결국 제가 고등학생 때, 부모님은 각자의 삶을 가기로 결정하셨습니다.

여자친구와 결혼을 결심했을 때 전 변변한 직장 없이 런던에서 하루하루 일을 찾아야 하는 프리랜서 사진기자였습니다.
하루 일당도 많아야 100파운드, 적게는 45파운드였으니 간신히 생활만 가능한 수준이었습니다.

　게다가 당시는 제가 방글라데시 여행에서 큰 감동을 받고 인생의 일정 시간을 그곳의 어려운 사람들을 위해 봉사해야겠다는 결심을 한 때입니다. 지금 생각해보면 제가 누굴 도울 수 있는 형편은 아니었는데 말이죠. 그런데 여자친구였던 지금의 아내가 제가 봉사하려는 곳에 함께 가고 싶다고 해서 이런저런 생각 없이 급하게 결혼을 결정하게 되었습니다.

　미국교포였던 여자친구의 집에서는 난리가 났습니다. 26년간 애지중지 키워놓은 딸이 런던에 교환학생으로 잠시 다녀온다고 하더니, 난데없이 결혼해서 방글라데시로 가겠다고 한 겁니다. 여자친구의 어머니는 머리를 싸매고 몸져누우셨는데 한번 결정하면 절대 마음을 바꾸지 않는 따님의 황소고집에 결국 두 손 두 발 다 들고 말았습니다.

　참으로 어색하고 떨리는 마음으로 장인 장모님 되실 분들께 인사를 드리러 갔는데 예상했던 대로 그리 큰 환대는 받지 못했습니다.

　하지만 자식 이기는 부모는 없다는 옛말처럼 그분들도 절반쯤 포기하신 듯 이것저것 물어보셨는데, 저의 변변치 않은 직업 이야기에 결국 실망을 감추지 못하셨습니다.

　잠시 침묵이 흐른 뒤, "그래, 일이야 열심히 하면 언젠가 뭐든 되겠지… 무엇보다 행복한 가정이 가장 중요하지, 부모님은 평안하신가?"

"… 서희 부모님은 제가 고등학생 때 이혼하셨습니다."

…

…

살면서 그렇게 어색하고 긴 침묵은 없었던 것 같습니다.

우여곡절 끝에 여자친구를 만난 지 1년도 채 안 되어 결혼을 했습니다.

신혼 보금자리는 제가 살던 런던 북쪽의 조그만 아파트로, 두 명의 한국 유학생과 공동으로 얻어 살던 곳이었습니다. 로맨틱한 신혼집은커녕 모르는 남자들과 부엌과 화장실을 함께 사용해야 했지만, 눈에 콩깍지가 씐 젊은 부부에게 그런 것 따위는 큰 문제가 되지 않았습니다. 장인 장모님이 방문하시기 전까지는 말입니다. 상태가 이 정도로 좋지 않을 줄은 상상도 하지 못하셨던 거지요. 장모님이 미국으로 돌아가실 때 쏟으신 눈물로 템스 강이 넘쳤다는 후문이 있습니다.

저도 딸을 키워보니 그때 장인 장모님의 심정이 어떠셨을지, 왜 그렇게 한숨과 훌쩍임이 끊이지 않았는지 이제야 조금 이해가 됩니다.

첫 부부싸움을 지금도 생생히 기억합니다. 요리에 소질이 별로 없던 새색시가 영국의 열악한 상황에서도 정성 들여 이렇게 저렇게 맛있는 식사를 준비했습니다. 그런데 간이 부어서 배 밖으로 나온 철없는 남편은 "음, 내가 염소인가? 왜 풀만 있지"라는 결코 해서는 안 될 말을 아무렇지도 않게 내뱉어 버렸습니다. 지금 생각하면 제가 잠시 미쳤었다는 말로밖에는 설명되지 않습니다… 진짜 내가 왜 그랬지….

미국에서 온 새신부는 잔뜩 화가 났지만 딱히 갈 곳도 만날 사람도 없어서 근처 백화점을 혼자 배회하다가 프라이팬만 하나 사서 돌아왔습니다.

그 프라이팬으로 저를 패지 않은 게 감사할 뿐입니다.

그렇게 어설프기만 했던 새내기 부부는 어려웠던 영국 생활을 한 걸음씩 함께 걸어왔습니다. 결혼 후 여러 가지 사정으로 방글라데시의 꿈은 잠시 접어야 했고, 저는 프레스 어소시에이션Press Association에 정식 사진기자로 취직했고 아내도 LG전자 영국법인에 취직이 되었습니다.

어느덧 '오늘은 무엇을 먹고 앞으로는 어떻게 살아야 할까' 하는 걱정을 조금씩 덜게 되었습니다. 우리만의 조그만 집도 마련했습니다. 가진 것이라고는 마이너스 잔고 통장과 사랑하는 마음밖에는 없었던 신혼부부는 하루하루의 값진 삶을 열심히 일구어갔습니다.

시간이 흘러 전 프레스 어소시에이션에서 게티이미지로 스카우트되었고 아내도 과장으로 승진했습니다. 예쁜 아이들도 둘이나 태어나 어엿한 4인가족이 되었습니다.

어려운 시간도 많았고 즐거운 시간도 많았습니다. 세상에서 가장 검소한 100만 원짜리 중고차로 아내의 첫 출근을 바래다 주다 교통사고를 당한 적도 있었고, 한 살밖에 안 된 딸아이가 아파서 수술해야 했을 때는 눈물로 밤새 기도하며 가슴 찢어지는 시간을 보냈습니다. 맞벌이 부부인데 아이 돌봐줄 분을 찾지 못해서 눈물을 머금고 한국의 저희 어머니께 또 미국의 장인 장모님께 아이를 보내야 했던 때도 있었습니다.

하지만 우리는 꿋꿋이 모든 어려움을 잘 견뎌냈고, 파란만장했던 런던 생활은 가진 것 하나 없던 부부에게 많은 것을 선물해 주었습니다.

저에게 아내라는 존재는 마치 큰 전쟁을 함께 치른 전우와 같습니다. 목숨을 나눴다고 해도 과언이 아닙니다. 목숨보다도 소중한 아이들을 함께 낳아서 키우고 있기도 하고요.

아무것도 가진 게 없었던 저인데 도대체 아내가 무엇을 믿고 자신의 삶을 송두리째 걸 수 있었는지 지금도 이해가 안 됩니다. 그래서 가끔 저의 치명적인 매력 때문이라고 농담 같은 진담(?)을 합니다. 경제적으로도 인격적으로도 모든 것이 부족했던, 미래를 전혀 예측할 수 없었고 희망 또한 불투명했던 20대 후반의 저였습니다.

우리가 처음 시작했을 때 혹시라도 부모님들께 금전적 뒷받침을 받았더라면 지금처럼 서로에게 고마워하고 자랑스러워할 수 있었을까 싶기도 합니다.

가끔 그런 사람들을 보면 조금 부러웠던 것은 사실입니다. 하지만 우리에게는 녹록지 않은 삶을 함께 살아오며 쌓아온 추억이 너무나 많습니다. 어려웠던 시간을 함께 헤쳐왔기 때문에 지금 누리고 있는 이 모든 것이 더욱더 소중합니다.

아직 자신이 준비되지 않아 결혼을 미루고 있다는 후배를 만났습니다. 그 준비라는 것이 무엇인지 저는 잘 모르겠습니다. 과연 뭘 준비해야 하며, 준비를 끝마친다는 것이 가능하긴 할까요? 어쩌면 지금의 나를 있는 그대로 사랑하고 받아줄 사람을 아직 못 만났다는 게 더 맞는 얘기가 아닐까 하는 생각이 듭니다.

낡은 점퍼 한 장

엘살바도르의 한 빈민가에서 한국에서 공수해온
헌옷을 주민들에게 나누어주었습니다.
한국에선 더 이상 원치 않아서
멀리 남미까지 날아온 헌옷을 받기 위해
동네 사람들이 금세 줄을 길게 늘어섰습니다.
아이들의 손을 붙잡고 온
엄마의 손길이 아주 분주해졌습니다.
어린 동생을 업고 온 어린 누나가 동생에게
이 옷 저 옷 입혀봅니다.
동네 아저씨들이 줄 서야 한다고 목청 높여
사람들의 어지러운 몸싸움을 정리합니다.
백화점의 명품 세일보다 더 치열한 경쟁 속에서
저 뒤편에 혼자인 듯한 남자아이가
이러지도 저러지도 못하고 어설프게 틈새를 노려보지만
어른들의 기세에 눌려 꼼짝을 못합니다.
눈물을 터뜨릴 것 같은 아이를 본
동네 누나가 사람들 틈을 비집고 들어가
점퍼 하나를 아이 손에 쥐어주는 데 성공합니다.
그리고 저는 세상에서 가장 행복한 소년을 보았습니다.
낡은 점퍼를 들고 온 세상을 얻은 것처럼
기뻐하며 뛰어가는 아이의 환한 웃음…
내가 득템하고 이렇게 기뻐한 적이 언제였지?
차를 샀을 때? 명품 시계를 구입했을 때?

새 카메라를 장만했을 때? 점점 감사함보다는 당연함이
내 삶을 가득 채우고 있음을 깨달았습니다.
새로운 물건을 갖게 되면 또 다른 것을 원하는
욕심도 함께 커지는 것 같습니다.
내가 이미 가지고 있는 물건과 사람과 시간에
만족하고 기뻐하는 연습을 해야겠습니다.
그래서 작은 것 하나에 이 아이처럼 진심으로
기뻐할 수 있는 순수하고 겸손한 마음이
우리의 삶에 가득하길 기원합니다.

"MJ, 사람은 서로 돕기 위해
존재하는 것이지"

영국의 언어, 문화, 도시, 사람들 그 모든 것이 낯설고 어려웠던 시절이 있었습니다.

그때는 제가 할 수 있는 것은커녕 아는 것조차 너무 없었습니다. 하지만 많은 사람들의 도움으로 힘겨운 시간을 견뎌낼 수 있었습니다.

사진을 직업으로 삼은 초창기, 저는 영국의 각종 법원에서 진행되는 크고 작은 재판의 관련자들 사진을 찍어서 신문사 등 미디어에 공급하는 일을 했습니다.

큰 사건은 담당 기자들이 함께 취재하니 그들에게서 정보를 얻을 수 있지만 작은 사건일 때는 제가 직접 법정에 들어가서 사건 내용을 알아내야 했는데, 문제는 예상하셨겠지만 법정의 언어가 매우 어렵다는 것이었습니다. 사건의 개요, 전개, 피의자 등을 알아내야 하는데 제 영어실력으로는 어림없었습니다.

그럴 때마다 저는 근처에 있는 다른 회사 기자들을 찾아가서 상황을 물어보고 어떤 사건이 더 흥미로운지 누가 관련돼 있는지 알아내야 했습니다.

같은 회사 사람도 아닌데 매일같이 부탁하고 질문하고 정보를 달라고 하니 그들도 싫었겠지만 사실 물어보고 아쉬운 소리를 해야 하는 저도 마음 편할 리 없었습니다. 항상 커피나 티 또는 비스킷과 함께 얼굴 가득 어색한 미소를 띠며 미안하고 고마운 마음을 열심히 알렸습니다.

물론 퉁명스럽고 불친절한 사람도 있었지만 많은 기자들이 귀찮은 내색 없이(때로는 내색하며) 제게 필요한 정보를 알려줬습니다.

그렇게 열심히 사회부 취재를 하다가 2000년 즈음 전 세계적으로 연예계 뉴스가 각광받기 시작하자 저도 자연스럽게 연예 뉴스를 더 많이 취재하게 되었습니다. 레드카펫, 시상식, 콘서트 등의 촬영이 시작되었죠.

그런데 여기서 또 문제가 발생했습니다.

그때는 이미 디지털 카메라와 인터넷 사진 전송이 일반화되어 행사장에서 찍은 수많은 연예인들의 사진을 그들의 이름과 함께 회사로 전송해야 했는데 제가 아는 영국 연예인은 세계적으로 유명한 몇 명뿐, 대부분의 가수나 배우들은 전혀 알지 못했습니다. 예를 들어 한국 출신이 아닌 사람이 〈전원일기〉 출연진을 전부 알 수 없는 것과 비슷한 맥락이라 할까요?

다시 도움을 받아야 했습니다. 이 남자는 누구인지, 이 여자는 누구인지, 스펠링은 어떻게 되는지, 같은 질문을 반복하고 반복하고… 심지어 저는 사람 얼굴을 기억하는 능력도 좋지 않아서 같은 인물과 같은 이름을 몇 번이나 물어봤습니다.

하… 그때 기억이 새록새록 나네요… 가지고 있던 알량한 자존심은 다 땅바닥에 내려놔야 했습니다.

연예뉴스를 촬영하는 사진기자들은 대부분 프리랜서이고 자신이 찍은 사진을 신문이나 매체에서 사용해야 수입이 생깁니다. 즉 다른 모든 사진기자들이 경쟁상대입니다. 그런데 제가 끊임없이 이름을 물어보았으니 그들에게 환영받는 존재일 리 없었고, 아마 싫어하는 사람도 있었겠지요.

제가 딱히 해줄 수 있는 게 없어서 기회가 날 때마다 맥주를 사기 시작했는데, 그것이 제대로 통했습니다!!

영국인들이 맥주를 좋아한다는 것은 익히 알고 있었지만, 영국인들이 맥주보다 훨씬 더 좋아하는 게 있다는 사실을 그때 처음 알았습니다. 바로 공짜로 마시는 맥주였습니다.

그렇게 그들의 정보와 저의 맥주를 교환하기 시작했습니다. 물론 제가 얻은 도움은 맥주값에 비교도 할 수 없을 만큼 값진 것이었습니다. 심지어 그때 만났던 몇몇 기자들은 지금도 아주 좋은 친구로 남아 있으니 그때 썼던 돈이 제값을 톡톡히 한 셈입니다.

그렇게 여러 사람에게서 도움을 받으며 열심히 프리랜서 사진기자로 살 때 가장 절실히 원했던 것은 영국의 취업비자를 받을 수 있는 노동허가서였습니다.

그때까지도 전 학생비자로 체류하고 있었는데 학생비자로는 일할 수 있는 시간이 한정된 데다 기간도 만료되어 가고 있었습니다.

어느 방향으로 나아가야 하는지 알지 못한 채 캄캄한 어둠 속을 헤매던 어느 날, 끝이 보이지 않던 터널에 한 줄기 빛이 비추기 시작했습니다.

영국의 메이저 통신사인 프레스 어소시에이션에서 정식직원으로 고용하겠다는 기적과 같은 제안을 받은 거지요, 그 엄청난 기쁨이란!!

하지만 기쁨과 즐거움을 만끽하는 것도 잠시, 상사로부터 매우 충격적이고 절망적인 소식을 전해들었습니다.

영국 노동법상 직원을 고용할 때는 첫 번째는 영국 국민, 두 번째는 유럽연합의 국민, 그래도 마땅한 후보자가 없으면 제3국의 국민을 고용할 수 있는데, 사진기자와 같은 일반적인 직종은 영국 국민 중에서 충분히 찾을 수 있기 때문에 저의 노동허가서를 불허한다는 통보를 내무부로부터 받은 것입니다. 이런 청천벽력 날벼락 같은 소식이….

회사 측에서는 저 같은 제3국 사람을 채용해본 경험이 없어서 몹시 당황하며, 회사 변호사와 상담 중인데 어쩌면 채용이 취소될지도 모르겠다는 이야기를 하더군요.

하지만 '아, 네, 그렇군요. 법이 그렇다니 잘 알겠습니다. 다른 훌륭한 영국사람을 고용하시죠…'라고 예의바르게 인사하고 깨끗이 포기할 저도 아니었습니다.

안면이 있고 나름대로 친하게 지냈다고 생각하는 모든 사진기자, 취재기자, 신문사 편집장 등 많은 이들에게 제 상황을 알리며 도움을 청했고, 그들은 내무부 결정에 항의하는 편지를 제게 보내주었습니다. 모두 50통이 넘었습니다. (지금도 그 감동의 편지들을 잘 간직하고 있답니다.)

그 편지들을 토대로 이의를 제기했고, 결국 영국 내무부는 저의 손을 들어주었습니다.

인생을 살면서 우리는 사람들과의 대화에서 감동을 주기도 하고 받기도 합니다.

평생 잊지 못할 이름이 하나 있습니다. 테리 맨스필드Terry Mansfield. 오래전 런던에서 슈퍼모델 클라우디아 쉬퍼와의 촬영이 있던 날 처음 뵌 백발의 노신사였습니다.

나중에 알고 보니 그분은 〈보그〉, 〈GQ〉 등을 발행하는 콘데 나스트Conde Nast와 함께 전 세계 매거진의 양대산맥을 이루며 〈엘르〉, 〈에스콰이어〉 등을 발행하는 허스트 사Hearst Corporation 의 대표였는데, 영어도 서툰 한국사람이 폴 매카트니, 마이클 잭슨 등과 사진작업을 한다는 사실에 관심을 가지고 저를 사무실 에 초대했습니다.

그분은 제가 걸어온 인생 이야기를 흥미롭게 듣고는 자신이 겪은 인생 여정, 10대 소년일 때 허스트 사의 사환Tea boy으로 시 작해서 대표 자리까지 올라오게 된 전설적인 이야기를 들려주 었습니다. 그러고는 제 눈을 부드럽고 진지하게 바라보며 이렇 게 말씀하셨습니다.

"MJ, 사람은 서로 돕기 위해 존재하는 것이지. 내가 너를 어떻 게 도울 수 있을까?"

그날 그 시간 그 공간에 존재했던 따뜻한 공기와 저의 귓가를 울리던 한마디 한마디가 저의 뼈에, 혈관에, 피부에 새겨진 듯합 니다.

저도 언젠가 도움이 필요한 누군가의 눈을 따뜻하게 바라보며 그의 인생을 위하여 신심으로 손 삼아줄 수 있는 사람, 아름다웠던 그 노신사와 같은 존재가 될 수 있기를 소망합니다.

마이클 잭슨의 마지막 인사,
"God bless you!"

2009년 6월의 어느 날, 팝의 황제라 불리던 마이클 잭슨이 너무도 일찍 세상을 떠나버렸습니다. 그의 생애 마지막 콘서트라고 발표한 'This Is It' 투어를 한 달도 채 남기지 않은 날이었습니다. 마이클의 투어 포토그래퍼로 선정되어 콘서트 시작만을 손꼽아 기다리던 저는 뉴스가 전하는 황망한 소식 앞에 한동안 아무것도 할 수 없었습니다.

스파이스걸스와의 월드투어가 성공적으로 끝나고 멤버들과도 제법 친근해지자 그들의 홍보 담당자였던 스튜어트 벨로부터 폴 매카트니와 마이클 잭슨을 소개받게 되었습니다.

마이클 잭슨을 처음이자 마지막으로 만난 그날이 아직도 생생하게 기억납니다.

2009년 3월 5일 영국 런던의 동부 그린위치에 자리한 O2 아레나, 팝의 황제 마이클 잭슨이 마지막 투어를 발표하는 행사에 수많은 사람들이 몰려들었습니다.

무대 앞에서 기다리는 팬들은 불어나는 숫자만큼 커져가는 흥분에 휩싸여 큰소리로 팝의 황제의 이름을 외치며 마이클의 수많은 히트곡을 목이 터져라 불렀고, 무대 뒤의 행사 관계자들은 조용하지만 팽팽한 긴장감 속에 조금 있으면 나타닐 황제를 기다리고 있었습니다.

헬기를 타고 도착한다던 첫 번째 계획은 스피드보트를 타고 템스 강을 가로질러 도착하는 것으로 바뀌었고, 강변 선착장에서 그를 맞이할 거라는 계획은 다시 자동차를 타고 오는 것으로 변경되어, 제가 마이클 잭슨을 대면하는 곳도 최종적으로는 공연장 백스테이지로 결정되었습니다. 모든 계획은 특급비밀 작전을 수행하듯 분단위로 변경되었습니다.

그를 기다리던 중, 갑자기 관계자들로부터 제 영어이름인 MJ를 쓰면 안 된다는 무전이 왔습니다. MJ가 마이클 잭슨의 이니셜이기도 해서 진행자들이 혼동할 수 있다는 이유였습니다. 그들이 급조한 저의 닉네임은 키미Kimmy였습니다. 여자이름 킴벌리Kimberly의 애칭입니다… 갑자기 여자로 정체성을 바꿔야 하는… 하지만 마이클을 위해서라면야!

예정된 행사시간에서 30분 정도 지났을 때 갑자기 모든 것이 슬로모션으로 변하기 시작했습니다. 여러 관계자들과 보디가드에 둘러싸인 마이클 잭슨이 모습을 나타낸 것입니다.

가볍게 나풀거리는 컬이 들어간 검은 머리에 검은 선글라스 차림으로 백스테이지에 들어오는 팝의 황제, 순식간에 주위가 고요해졌습니다. 그곳에 있던 매니지먼트, 홍보, 레코드 레이블, 공연기획 관계자들은 이미 여러 유명인사들과 많은 작업을 함께한 최고 베테랑들이었지만, 마이클의 등장은 그들을 한 방에 얼려버렸습니다.

하지만 무대 뒤에서 관중의 미친 듯한 환호를 듣고 있는 그는 누구보다도 긴장한 듯 보였습니다.

짧은 호흡을 가쁘게 내쉬며 사시나무 떨듯 떨고 있는 팝의 황제를 보면서 '우와, 마이클도 떠는 거야?'라고 생각하던 찰나, 크게 숨을 한 번 내쉬더니 마이클은 바람처럼 무대 위로 뛰어올랐습니다.

평범한 회사원인 클라크 켄트가 한순간에 슈퍼맨으로 변하듯 무대 뒤의 인간적이던 마이클은 온데간데없이 사라지고 진정한 팝의 황제의 카리스마가 O2 아레나를 가득 메웠습니다.

무대 위의 그는 한동안 아무 말도 아무런 몸짓도 하지 않고 그저 두 주먹을 불끈 쥔 상태로 관중을 응시했습니다. 환호는 점점 커져갔습니다.

마이클이 갑자기 양손을 날개처럼 쭉 펴며 얼굴을 돌리자 관중들이 쓰러집니다. 사람들의 함성에 거대한 O2의 지붕이 날아갈 듯합니다. 그의 작은 몸짓 하나 숨소리 하나에 사람들은 괴성을 지르며 숨조차 쉬지 못합니다.

그렇게 영화보다 더 영화 같은 비현실적인 시간이 지났습니다. 저는 사람들의 함성과 마이클의 카리스마 속에서 마법에 홀린 것처럼 미친 듯 사진을 찍어댔고, 어느덧 정신을 차려보니 공연 발표회는 끝나고 무대 뒤에서 가쁘게 숨을 내쉬고 있는 마이클을 발견했습니다. 잠시의 고요 속에 찰칵찰칵 제 셔터 소리만 청명하게 울렸고, 어느 순간 나를 바라보며 미소 짓는 그!

저는 그제야 정신을 차리고 조용히 카메라를 내려 눈인사를 나누며 마이클이 내미는 손을 잡았습니다. 전 왜 그의 손이 작고 차가울 거라고 상상했을까요, 크고 긴 따뜻한 손이었습니다.

내민 손과 함께 들려오는, 귀에 너무 익숙한 그의 목소리.

"Hello, I am Michael. God bless you, God bless you, God bless you."

환한 미소와 따뜻한 손 그리고 신의 축복을 빌어주는 사랑스러운 목소리, 내 앞에는 50세 어른이 된 마이클이 아닌 'I'll Be There'를 부르는 열두 살 소년 마이클이 서 있었습니다.

너무나 힘든 어린 시절을 보내야 했던 영원한 피터팬, 내 앞

에서 환히 웃고 있는 팝의 황제.

나의 아픈 어린 시절을 본 적 있냐고 묻는 고백Have You Seen My Childhood, 당신은 혼자가 아니라는 위로You are Not Alone, 함께 세상을 치유하자는 호소Heal the World… 앞으로 있을 50회의 공연 동안 그의 친구가 되고 싶었습니다. 그의 아픔을 함께 나누고 싶었습니다. 그의 눈물을 닦아주고 싶었습니다. 얼마나 힘들었냐고 등을 토닥이며 위로해주고 싶었습니다.

그에 관한 온갖 루머와 뉴스들 가운데 무엇이 진실인지 아직도 잘 모르겠습니다. 적어도 제가 만난 찰나의 마이클 잭슨은 저에게 가슴 따뜻한 사랑의 마음만을 전해주었습니다.

이제 그는 우리 곁에 없습니다. 하지만 아직도 저는 그를 떠나보내지 못했습니다.

내 앞에서 환하게 웃으며 'God bless you'를 속삭이던 그를 어쩌면 영원히 떠나보내지 못할 것 같습니다.

폴라로이드 사진

폴라로이드 사진을 좋아합니다.
셔터를 누르면 재미있는 기계음과 함께
혀를 쏙 내밀듯 하얀 사진이 쑥 나옵니다.
아무것도 없는 흰 종이 위에 마법처럼
무언가가 흐릿하게 나타나기 시작합니다.
흐릿하던 것이 또렷해지면서
예쁜 꽃들이, 예쁜 사람들이 고개를 내밉니다.
사람과의 관계가 그런 것 같습니다.
처음에는 흐릿하지만 시간이 흐르면서
그 사람의 진실한 모습이 또렷이 나타납니다.
자신의 단점을 '뽀샵'으로 수정할 새도 없이 말입니다.
수정하지 않아도 아름다운 사람들이 좋습니다.
수정하지 않아서 아름다운 사람들이 좋습니다.

-3...2...1...|...1...2...3+

2부.
사진 잘 찍는 법

85mm f1.2 렌즈의
아름다움

　제가 평생을 두고 고마워하고 사랑하는 렌즈가 하나 있습니다. 바로 85mm f1.2 렌즈입니다.

　이 렌즈의 가장 뛰어난 특징은 인물사진에 매우 적합한 화각이라는 점입니다. 또한 조리개를 가장 밝은 f1.2로 세팅해서 촬영하면 피사체의 특정 부분에만(주로 눈입니다) 날카롭고 선명하게 초점을 맞추고 나머지 부분들은 모두 흐릿하게 표현한 아웃포커싱 효과를 낼 수 있습니다.

　많은 사진가들이 이 렌즈의 빼어난 결과물을 한목소리로 칭찬하는데, 제가 촬영한 영국 출신 뮤지션 스팅의 사진을 보면 그 효과를 잘 알 수 있습니다. 정확하고 선명하게 보이는 스팅의 눈과는 대조적으로 머리카락, 귀, 목, 어깨 등은 흐릿합니다.

이것이 바로 인물사진에서 인물을 배경과 분리시켜 돋보이게
하는 아웃포커싱, 보케Bokeh 효과입니다.

처음 사진을 시작할 무렵에는 주로 16-35mm, 24-70mm,
70-200mm 등의 줌렌즈로 촬영했습니다.

이미 널리 대중화되어 많은 이들이 사용하는 줌렌즈의 장점은 한정된 공간에서 큰 움직임 없이 다양한 화각을 만들어낼 수 있다는 것입니다. 예를 들어 피사체에 가까이 갈 수 없는 상황일 때 70-200mm 렌즈를 사용하면 같은 자리에서 전신과 상반신 사진을 모두 힘들이지 않고 찍을 수 있습니다. 활동이나 동선에 제약이 많은 뉴스현장을 주로 촬영하는 사진기자들에게 줌렌즈는 반드시 필요한 장비 중 하나입니다.

대신 단렌즈(24mm, 50mm, 85mm 등 화각을 바꿀 수 없는 렌즈군)가 만들어낼 수 있는 아름다운 아웃포커싱 효과는 줌렌즈에서 기대하기 어렵습니다.

또한 단렌즈는 줌렌즈에 비해 많은 빛을 받아들일 수 있는 f1.2, f1.4 심지어 현존하는 렌즈 가운데 가장 밝으며 가장 비싼 f0.95 같은 밝은 조리개를 가지고 있어서 조금 어두운 환경에서는 줌렌즈보다 훨씬 뛰어납니다.

사진과 카메라에 대한 전문지식 없이 일을 시작한 초기에는 사실 줌렌즈와 단렌즈의 큰 차이를 몰랐습니다. 그저 주변 사진기자들이 사용하는 장비를 흉내 내며 하나씩 배워나갈 뿐이었습니다.

그러던 어느 날 사진잡지에서 단렌즈의 장점에 대한 기사를 읽었습니다. 특히 85mm 렌즈 화각이 초상사진에 뛰어나고, 조리개를 완전 개방해서 인물을 촬영할 때 아름다운 아웃포커싱 효과를 만든다는 말에 큰 흥미를 느꼈습니다. 마침 칸 영화제 촬영을 떠나기 직전이어서 85mm f1.2렌즈를 준비해 비행기에 올랐고, 그 렌즈는 제 사진인생의 방향을 크게 바꾸어놓았습니다. 영화제에서 처음으로 줌렌즈가 아닌 85mm 단렌즈를 사용해 인물촬영을 했는데, 기존의 줌렌즈로 찍은 사진들과 비교할 수 없을 만큼 아름다웠던 겁니다.

단지 렌즈 하나만으로 밋밋하고 평범하던 사진이 이렇게 흥미롭고 멋진 사진으로 바뀔 수 있다는 사실에 너무 흥분해서 그해의 칸 영화제 인물사진은 모조리 85mm 렌즈로 촬영했습니다. 영화제가 끝난 후 85mm 렌즈로 찍은 사진들로 간단한 사진집을 제작해 당시 소속되어 있던 게티이미지 상사들에게 전달했고, 제 노력을 인정받아 계속 인물사진에 매진해도 좋다는 허락과 전폭적인 지원을 받게 되었습니다. 그 전까지는 영화제에서 레드카펫을 밟는 배우들과 시상식만 촬영했는데, 그 인물사진집을 계기로 배우들을 1대 1로 촬영하는 초상사진 담당이 된 것입니다.

이처럼 인물사진에 대한 제 관심과 사랑이 85mm 렌즈에서 시작되었고, 현재 제가 촬영하는 많은 연예인 초상사진의 시발점이 되었으니 저에게는 정말 '인생렌즈'가 아닐 수 없습니다.

사진이 발명된 1900년대 이후 기술은 발전을 거듭해, 이제 촬영 유형에 따라 선택할 수 있는 카메라와 렌즈의 종류가 수백 가지도 넘는 것 같습니다.

'똑딱이'라 불리는 포켓카메라로 시작해 전통적 포맷인 소형, 중형, 대형 카메라는 물론이고 요즘은 360도 앵글을 찍을 수 있는 디지털 카메라가 등장했고, 예전 같으면 헬리콥터를 타야 찍을 수 있던 항공사진도 드론이라는 새로운 기술을 이용하면 누구나 손쉽게 찍을 수 있습니다.

저도 광고, 공연, 인물, 패션, 다큐멘터리 등 다양한 촬영에 맞춰 여러 가지 장비를 고루 사용합니다.

스튜디오에서 인물이나 광고, 패션을 촬영할 때는 중형 카메라에 디지털백을 장착해 고해상도 사진을 만들어냅니다. 나중에 이 사진으로 초대형 포스터를 제작하게 될지도 모르기 때문입니다. 실제로 최근 제가 촬영한 방탄소년단과 트와이스의 광고사진은 실물사이즈보다 더 크게 프린트되어 공항, 면세점, 백화점 등에 걸리기도 했습니다.

때로는 1920년대에 뉴욕에서 만들어진 코닥 8×10 뷰카메라 View Camera를 필름과 함께 사용하기도 합니다. 거의 골동품 수준인 이 카메라를 꺼내면 연세 지긋한 어르신들은 오래전 사진관에서 본 적이 있다며 추억에 잠기시고, 젊은 세대들은 마치 공룡 화석을 보는 듯한 표정으로 이걸로 사진이 찍히냐고 묻곤 합니다.

콘서트 현장에서는 기동성 좋은 DSLR 카메라와 줌렌즈를 사용합니다. 촬영할 수 있는 장소와 움직일 수 있는 환경에 제약이 있기 때문입니다. 열창하는 가수를 찍겠다며 저까지 무대 위로 올라갈 수는 없겠죠, 사실 그런 충동이 들지 않는 것은 아닙니다만….

그리고 대부분의 콘서트에는 조명이 화려하게 쓰이기 때문에 빛을 많이 받아들이는 단렌즈가 굳이 필요하지는 않습니다. 하지만 무대 뒤 대기실에서는 대부분 단렌즈를 사용합니다. 아웃포커싱이 주는 효과는 다큐멘터리 사진에도 제격이고, 또 대기실의 조명은 대체로 어두워서 밝은 렌즈가 매우 유용하기 때문입니다.

제가 매일 가지고 다니는 작은 카메라 가방 안에는 미러리스 카메라와 24mm, 55mm 렌즈가 들어 있습니다.

보통 24mm 렌즈는 풍경사진에, 55mm 렌즈는 인물사진에 많이 사용하는데 둘 다 줌렌즈에 비해 크기도 매우 작고 무게도 가벼워서 평소 들고 다니기에 전혀 무리가 없습니다.

크고 무거운 고가의 장비는 필요에 따라 두각을 나타낼 수 있습니다. 하지만 가지고 다니기 부담스럽고 주저하게 되는 장비보다는 가벼운 마음으로 함께할 수 있는 장비가 더 실용적이라고 생각합니다.

많은 카메라 회사들이 번들렌즈라 하여 간단한 줌렌즈를 저렴한 가격에 카메라와 함께 판매합니다. 그래서 줌렌즈 하나만 갖고 계신 아마추어 사진애호가들이 많습니다.

아직 단렌즈의 아름다움을 경험해보지 못한 분들이 있다면 풍경사진, 길거리 사진 그리고 인물사진에 두루 사용할 수 있는 50mm 렌즈를 먼저 사용해 보시길 적극 추천해드립니다. 줌렌즈와는 전혀 다른 새로운 사진의 세계를 경험하게 될 것을 확신합니다.

조명으로
예술 만들기

　학창시절 공부를 너무 등한시했습니다. 특히 예체능을 무한 무시했던 학력고사 세대인 저는 마지막 미술시간이 언제였는지도 전혀 기억나지 않습니다.

　미술 또는 예술과 담을 쌓고 살다가 사진가가 되었을 때의 일입니다. 런던의 미술대학원에서 유학하는 후배와 술 한 잔 하던 중 "형, 사진 찍는 사람으로서 렘브란트 라이팅을 어떻게 생각하세요?"라는 질문을 받았고, 전 마치 외계어를 들은 듯한 표정으로 그 친구를 물끄러미 바라봤습니다.

　전 예전이나 지금이나 모르는 것에 대한 부끄러움은 별로 없습니다. 오히려 떳떳하게 '난 전혀 모르니 당신이 가르쳐주세요'라고 말하는 편입니다. 덕분에 그날 전 너무나 아름다운 렘브란트와 카라바조의 빛의 세계를 알게 되었고, 그 아름다운 빛이 사진에도 적용된다는 매우 초보적이지만 제게는 몹시 놀라운 사실을 배웠습니다.

39년이라는 짧은 인생을 강렬하게 살다 간 이탈리아의 화가 카라바조(1571-1610)는 어두운 배경에 중심인물에만 측광으로 빛을 비추어 명암을 극단적으로 대비시키는 키아로스쿠로(Chiar-oscuro, 이탈리아어로 빛Chiaro과 어둠Scuro을 뜻함) 기법을 발전시켰습니다. 그의 회화기법은 후일 바로크 미술을 대표하는 렘브란트(1606-1669)에게 큰 영향을 미쳐, 현재 키아로스쿠로 기법은 '렘브란트 조명'이라는 이름으로 더 많이 알려져 있습니다.

그때까지 조명 사용하는 법을 배운 적이 없어서 모든 인물사진에 자연광이나 실내에 있는 조명을 이용하는 게 전부였던 저는 그날 이후 어떻게 하면 카라바조의 드라마틱한 빛의 기법을 사진에 적용할 수 있는지 연구하는 데 모든 시간과 노력을 쏟았습니다. 책과 잡지를 수도 없이 찾아보았고 동료 사진기자들에게도 물었지만 도움 받을 곳은 많지 않았습니다.

조명을 배우고 싶어서 넋이 나간 사람처럼 이곳저곳 배회하던 중 우연히 들른 카메라 상점에서 사진 조명에 관한 DVD를 발견했고 전 금광이라도 발견한 것처럼 팔짝 뛰며 기뻐했습니다.

사실 그 영상은 나이 지긋한 어르신이 나와서 손발 오그라드는 포즈의 사진을 매우 신파적으로 찍으며 근엄한 목소리로 별

위 〈David with the Head of Goliath〉, Caravaggio
아래 〈The Nightwatch〉, Rembrandt

로 놀라울 것 없는 조명 테크닉을 마치 어마어마한 비밀을 전수한다는 식으로 설명하고 있어서 지금 보면 실소가 나오는데, 지식이 전무했던 그때는 마치 조명의 바이블을 찾은 것 같은 심정으로 작은 팁 하나라도 놓치지 않으려고 영상을 수백 번 반복해서 시청했습니다.

몇 개월간 영상을 꼼꼼히 학습한 후, 저는 드디어 거금을 들여 몇 가지 조명장비를 구입했습니다. 그중에는 이름도 아름다운 뷰티디시Beauty Dish라는 장비가 있습니다.

뷰티디시와의 만남은 인물사진에 독보적인 85mm f1.2 렌즈에 버금가는 제 사진인생의 큰 전환점이 되었습니다.

뷰티디시는 이름에서 나타나듯 아름다운 빛을 만들어내는 장비로 마치 거대한 접시 같은 모양인데, 뷰티광고나 여자 연예인의 환하고 반짝이는 피부를 표현하는 데 적합합니다. 또한 빛의 질과 방향을 컨트롤할 수 있는 벌집 모양의 그리드Grid라는 장비를 함께 사용하면 카라바조의 그림을 연상시키는 극단적인 명암대비를 아주 손쉽게 만들 수 있습니다.

여기저기서 조금씩 알아내 짜깁기한 지식으로 조명장비를 갖춰가던 차에 뷰티디시를 알게 되자 조명을 사용하는 기법에 큰 변화가 생겼고 아울러 조명에 대한 자신감이 생겨났습니다. 제 초기의 인물사진은 거의 대부분 뷰티디시로 촬영했을 만큼

뷰티디시를 이용해 찍은
배우 매튜 맥커너히Matthew McConaughey MJ KIM

이 장비는 많은 시간 칸, 베를린, 베니스 영화제 등 전 세계를 함께 여행한 동반자이자 지금도 촬영 때 가장 먼저 챙기는 소중한 조명입니다.

몇 년 전 한국으로 이주한 후 국내에서는 주로 광고촬영을 하고 있는데, 아이돌그룹이 대세인지라 방탄소년단, 트와이스, 엑소, 슈퍼주니어 등과 함께 촬영하는 경우가 더러 있었습니다.

뷰티디시는 한 사람의 사진을 촬영하기에는 매우 효과적이지만 여럿을 한 번에 커버하기는 불가능합니다. 그래서 멤버가 많은 촬영에는 거대한 우산처럼 생긴 파라177이라는 조명장비를 주로 사용합니다. 이 장비는 혼자서 세팅하기에 버거울 정도로 거대한데, 그만큼 넓고 깊게 빛을 확산시켜 10명이 넘는 그룹 촬영도 충분히 소화해내고 또 많은 양의 빛을 부드럽고 선명하게 퍼트려주는 장점 덕분에 멤버 전원을 멋지게 표현할 수 있습니다.

이 밖에도 다양한 조명장비와 조명기술이 있습니다. 자연광이 아닌 스튜디오에서 촬영할 때는 조명 각각의 특징과 사용법을 정확히 꿰고 있어야 컨셉과 모델에 부합하는 빛을 만들 수 있습니다. 같은 조명이라 해도 피사체의 성별, 피부톤, 입고 있는 옷의 색깔과 질감, 배경의 색감 등에 따라 전혀 다른 결과물이 나오기 때문에 여러 상황에 맞는 조명의 다양한 활용법을 잘 알고 있어야 합니다.

사진은 반사되는 빛을 기록하는 예술입니다. 그렇기 때문에 빛이 피사체에 어떻게 사용되었는가는 사진의 퀄리티를 가늠하는 매우 중요한 요소 중 하나입니다. 그 빛은 자연광일 수도 있고 인공적으로 만들어낸 조명광일 수도 있습니다. 어느 빛이 더 좋다는 공식은 없습니다. 단지 빛을 어떻게 이용해 사진에 기록하느냐가 중요할 뿐입니다. 빛을 잘 이용하기 위해서는 빛과 많은 시간을 함께 보내고 씨름하여 빛을 마스터해야 합니다.

그리고 아름다운 그림과 사진을 가능한 많이 보고 즐겨서 가슴과 머릿속에 담아야 합니다. 저도 감명 깊게 본 그림, 멋진 사진을 '나의 스타일'로 카피해보면서 빛을 공부했습니다.

전 지금도 조명을 공부합니다. 잡지나 인터넷에서 조금이라도 제 눈을 사로잡는 사진이 있으면 반드시 갈무리해 분석하고 해부합니다. 요즘은 인터넷을 조금만 뒤져보면 찾지 못할 정보가 없고 조명사용법 동영상도 수만 가지가 올라와 있으니 열정만 있으면 무엇이든 배우지 못할 것이 없는 세상입니다.

더 큰 카메라,
더 비싼 카메라

"어떤 카메라를 사용하세요?"라는 질문을 참 많이 받습니다.

캐논이 좋은지 니콘이 좋은지 요즘 핫하다는 소니는 어떤지 카메라의 페라리급인 라이카 정도는 써야 하는 게 아닌지, 렌즈는 무엇이 좋은지 줌렌즈를 써야 할지 단렌즈를 써야 할지, 비싼 고가의 렌즈를 사야 하는지 저가의 렌즈도 괜찮은지, 풀프레임 바디를 써야 하는지 크롭센서 바디도 충분히 좋은지, 아무리 디지털 시대라지만 그래도 디카보다는 필카가 더 멋있지 않은지, 폰카와 똑딱이 카메라 중에서 화질은 어떤 게 더 좋은지 등등 질문의 종류도 참 다양합니다.

그런 질문을 받으면 사실 많이 난감합니다. 왜냐하면 저도 잘 모르기 때문입니다.

세상의 모든 카메라와 렌즈를 다 사용해본 것도 아니고 저 역시 제가 사용해본 카메라 외에는 거의 문외한입니다.

카메라 기계의 디테일한 기계공학적 요소는 아주 어설프게 기본만 아는 수준이고, 똑똑한 과학자와 기술자들이 만들어놓은 뛰어난 카메라를 요령껏 잘 사용할 뿐입니다.

한동안 커다란 카메라에 꽂힌 적이 있습니다. 남들이 다 들고 다니는 35mm 카메라는 평범해 보여서 일단 보기에 멋진 카메라를 찾아다녔습니다.

열심히 발품을 판 끝에 마미야 RZ Pro II라는 중형 포맷의 멋들어진 카메라를 발견했습니다.

그 카메라의 포스는 아주 강렬했습니다. 그리고 무게는 더욱더 강렬했습니다. 전 그 무거운 카메라에 큼지막한 뷰파인더와 오토 와인더(필름자동넘김장치)를 장착해서 더 크고 더 무겁게 만들었습니다. 아령보다는 조금 무겁고 역기보다는 조금 가벼운 카메라를 들고 있으면 얼굴에 자신감 넘치는 미소가 절로 흘러나왔습니다.

'너네가 이런 카메라를 알아? 쪼끄만 카메라를 감히 어디다 들이밀어!' 하는 교만함과 재수 없는 거드름을 온몸에 덕지덕지 붙이고 거리를 활보했습니다.

이 카메라를 사용할 때면 손으로 끈을 잡아당겨 부르르릉 시동을 걸어야 하는 오래된 경운기 같은 느낌이 듭니다. (오래된 경운기를 몰아본 적은 없습니다만.) 셔터, 조리개, 포커스 등 모든 것이 수동입니다. 빠르게 움직이는 물체는 절대로 찍을 수 없습니다. 몇 번 시도했다가 필름만 엄청나게 허비한 후에는 멈춰 있는 사람, 물건, 풍경들만 촬영했습니다. 한 시간 카메라를 들고 다니면 두 시간 휴식이 필요한 극기훈련 같은 촬영이었습니다.

큰 카메라로 촬영했으니 더 좋은 결과물이 나왔을까요? 절대 결단코 그럴 리 없죠. 오히려 35mm 카메라로 찍었을 때보다도 못한 결과물이 수두룩합니다.

보기에만 쿨하고 사용하기는 불편한 카메라에서 좋은 사진이 나오기란 쉽지 않습니다. 불편한 카메라가 편한 카메라로 새롭게 자리매김할 때까지 끊임없는 노력과 경제적 투자를 해야 합니다.

좋은 사진은 보기에 쿨한 카메라가 아니라, 사이즈나 브랜드, 가격에 상관없이 자신의 손발처럼 편안하고 익숙한 카메라에서 만들어진다고 감히 주장합니다.

시간이 많이 흐른 지금은 사용자의 편리함을 위해 최첨단 컴퓨터와 각종 편의시설로 무장한 35mm DSLR과 중형 포맷의 디지털 카메라를 주로 사용합니다.

하지만 그 불편하고 무거운 마미야 RZ 카메라 또한 계속 열심히 사용하고 있습니다. 이제는 어느 정도 편해지고 정도 많이 들었고요. 그 오래된 카메라의 셔터를 누를 때면 흰 수염이 덥수룩하게 뒤덮인 얼굴에 고깔모자를 쓰고 뾰족한 신발을 신은 동화 속 작은 요정들이 카메라 안에 살면서 열심히 톱니바퀴를 굴리고 기름칠하고 이리저리 뛰어다니며 기계를 움직여 사진을 철컥철컥 만들어내는 재미있는 상상을 하곤 합니다.

그런 즐겁고 재미난 상상이 최첨단 디지털 카메라에서는 전혀 일어나지 않는 이유는 무엇일까요?

수많은 종류의 카메라를 가지고 있습니다. 아주 조그만 장난감 똑딱이 카메라부터 100년이 훌쩍 넘은 대형 목제 카메라까지…

'좋은 카메라가 있으니 좋은 사진이 찍히면 좋겠다'는 어림반 푼어치 없는 헛된 상상을 해봅니다.

누군가가 이렇게 말했다 합니다. '지금 당신 손에 있는 카메라가 가장 좋은 카메라입니다.' 그렇습니다. 무엇으로 찍었는지가 아니라 무엇을 찍었는지가 중요합니다. 그래서 오늘도 어떤 카메라가 아닌, 어떤 사진을 찍어야 하는지 고민이 무척 많습니다.

그림을 그리려면 어느 정도 기본 실력이 있어야 합니다. 하지만 사진은 모든 사람에게 공평해서 참 좋습니다.

어처구니없는 그림 실력의 소유자인 저도 손가락 몇 번 움직이는 수고만 하면 그럭저럭 보암직한 사진이 만들어지니 말입니다.

사진을 찍을 모든 준비는 완벽하게 마쳤습니다. 단지 '무엇을 찍어야 하지?'라는 이 엄청난 질문 때문에 오늘도 전 머리카락을 쥐어뜯으며 어떻게든 영감이 떠오르기를 학수고대하고 있습니다.

영감이여, 어서 서둘러 오시옵소서. 이러다가는 남아나는 머리카락이 하나도 없을 것 같습니다.

상대방이
좋아하는 사진

제가 개인적으로 가장 사랑하고 존경하는 사진가로 리처드 아베던Richard Avedon이라는 미국의 전설적 작가가 있습니다.

뉴욕에서 출생한 그는 패션, 뷰티, 초상 등 다방면에 걸쳐 아름다운 사진들을 창조해냈고, 그 가운데서도 그의 초상사진은 단연 돋보여 많은 대중의 사랑을 받았으며 수많은 사진작가들과 예술가들에게 영감의 원천이 되었습니다. 저 또한 그의 사진에서 많이 배웠고 지금도 여전히 배우고 있습니다.

어느 날 아베던의 회고록을 읽다가 다음의 일화에서 초상사진portrait에 관해 고민하게 되었습니다

연로한 그의 아버지가 세계적 사진작가인 아들에게 초상사진

을 부탁했고, 아베던은 자신만의 독특한 시선으로 아버지의 모습을 사진에 담았습니다. 하지만 그의 아버지는 너무 늙고 초라한 사진 속 자신의 모습에 실망과 함께 큰 충격을 받으셨고, 그 사실을 전해들은 아베던은 편지를 보내 자신이 생각하는 아름다움과 아버지가 생각하는 아름다움이 매우 다르다는 사실을 설명합니다. 시간이 흐르고 아버지가 돌아가신 후, 유품을 정리하던 아베던은 아버지가 가장 아끼던 양복 안주머니에서 자신이 쓴 편지를 발견하게 됩니다.

어느 사진가든 피사체의 고유하고 꾸밈없는 모습을 담고 싶어 합니다. 아울러 자신이 찍은 사진에는 남들의 사진에는 없는 무언가가 있기를 바랄 것입니다.

말로 설명할 수 없는 그 '무언가'가 사진가로서의 독창성 uniqueness을 만들어내고 다른 사진가와 나를 차별화할 수 있게 해주는 것이라 저도 물론 생각합니다.

나의 시선과 느낌으로 바라보고 나의 의도대로 표현한 피사체의 모습….

하지만 제가 동의하기 어려운 것이 하나 있습니다.

초상사진은 사진작가 혼자만의 것이 아니라, 찍는 사진가와 찍히는 피사체가 함께 만들어내는 공동작업물입니다. 그렇기 때문에 찍는 사진가만 만족하거나 찍히는 피사체만 만족하는 결과물은 절반의 성공에 머무른 게 아닌가 생각합니다.

세상 누구도 자신을 자기 눈으로 바라볼 수는 없습니다. 불가능합니다. 우리가 할 수 있는 것은 겨우 어딘가에 반사된 자신의 모습을 보는 것뿐이죠.

사진도 그렇습니다. 사진은 나를 보여주는 또 다른 매개체입니다. 이 매개체로 나를 바라볼 때 내가 멋진 모습이길 바라는 게 인간의 자연스러운 욕망 아닐까요?

다른 사람에게 "네 사진 잘 나왔네" 하고 평가받는 것이 아니라 스스로 멋지다고, 이 정도면 부끄럽지 않다고 느끼기를 바라는 것이 잘못된 것일까요?

리처드 아베던의 아버지는 편지를 읽으면서 아들의 의도를 완벽하게 이해했을까요? 읽고 나서 자신의 사진이 새롭게 보였을까요?

제가 감히 짐작하건대 당대 최고 사진가인 당신 아들의 설명과 의도는 이해할 수 있었을지언정 늙고 나약해 보이는 자신의 모습은 여전히 상처로 남지 않았을까요.

그건 스스로 생각하던 자신의 이미지와 아들이 바라본 나의 이미지에 너무 큰 차이가 있기 때문일 것 같습니다.

'이것이 정말 사람들이 바라보는 나인가?'라는 실망감은 평생을 강인하고 터프하게 살아온 노병에게는 받아들이기 힘든 진실(?)이 아니었을까요.

내가 한껏 누리던 젊음이 어느덧 나를 떠나가 팽팽하던 피부는 자글자글한 주름으로 덮이고 무성하던 머리카락은 몇 가닥 남지 않았으며 이제 허리를 곧게 펴기조차 쉽지 않지만… 그 사실을 나에게 고스란히 확인시켜 주는 건 조금은 잔인한 일이라고 생각합니다.

얼마 전 이런 이야기를 들었습니다. '말의 옳고 그름보다는 사람을 살리는 말인가 아니면 죽이는 말인가가 더욱 중요하다.'

사진에는 속절없이 흘러가는 시간을 한순간 멈춰놓을 수 있는 마법과 같은 신비로운 능력이 있습니다. 그런 마법을 부려 마주한 나의 현실이 늙고 추레하다면 인정하기가 쉽지는 않을 듯합니다.

사진을 찍는 사람이 있고 사진에 찍히는 사람이 있습니다. 전 찍는 사람과 찍히는 사람이 결과물에 함께 만족해야 좋은 사진이라고 생각합니다. 그것이 찍히는 사람에 대한 찍는 사람의 배려이고 매너인 것 같습니다. 아무리 내가 좋다고 느껴도 상대방이 자신의 모습을 불편하게 여기면 함께 이야기해 보는 시간이 반드시 필요합니다.

내가 그 사진이 좋다고 생각하는 이유를 상대방에게 납득시키기 위해 노력해야 하고, 충분히 노력했는데도 상대방이 동의

하지 않으면 저도 양보해야겠지요.

누구에게나 아름다움은 존재한다고 믿습니다. 하지만 그 아름다움을 느끼는 기준은 개인의 성향과 취향에 따라 다를 수밖에 없습니다.

하지만 아주 아주 가끔은 '내가 생각하는 아름다움이 옳고 당신이 생각하는 아름다움은 틀렸다'고 말할 수 있는 자신감과 확신이 부럽기도 합니다.

트렌드, 남을 위한 옷 VS
나를 위한 옷

사진가는 유행에 민감해야 하는 직업입니다.
그렇다고 유행을 무작정 따라 할 필요는 없지만
적어도 지금 유행하는 트렌드가
무엇인지 아는 것은 중요합니다.
쿨하다는 소리가 듣고 싶어서 옷을 사 입었습니다.
그 옷이 내게 어울리는지보다는
고가의 명품 로고가 잘 보이는지가 더 신경 쓰였습니다.
그쯤 되니 내가 옷을 입는 것이 아니라
옷이 나를 덮고 있었습니다.
나 스스로 자신이 없으니 다른 무언가에
의지한 것 같습니다.
세월이 많이 흐르고 이제야 깨닫습니다.
남들이 쿨하다는 옷을 입을 게 아니라,
내가 입어서 쿨한 옷이 되어야 한다는 것을요.
옷장을 들여다보니 나를 위한 옷은 없고
남을 위한 옷들만 가득 있습니다.

모두를
기분 좋게 하는 능력

    광고사진을 촬영할 때에는 각기 다른 분야의 여러 전문가들이 모여 자신들이 가진 재능을 쏟아붓습니다.

    사진가를 포함한 여러 명의 어시스턴트, 헤어 디자이너, 메이크업 아티스트, 패션 스타일리스트, 소품팀, 광고대행사, 에이전트, 매니지먼트, 케이터링 그리고 모델 등등 많은 사람들이 마음과 힘을 합쳐야 하고, 스태프 한 명 한 명이 최고의 열정으로 촬영에 임해야만 최상의 결과물이 나올 수 있습니다.

    사진가나 모델만 특출나게 뛰어나다고 해서 좋은 결과물이 나오는 것이 결코 아닙니다. 대한민국의 자랑스러운 축구영웅 손흥민 선수도 혼자서 모든 게임을 풀어갈 수는 없습니다. 11명의 플레이어들이 자신의 몫을 충분히 소화해줘야 좋은 경기를 할 수 있습니다.

사진촬영도 이와 같습니다. 촬영을 진행할 때 누구 하나라도 자신의 일을 충실히 감당하지 않으면 촬영은 힘들어질 수밖에 없습니다.

사진가는 항상 가장 먼저 촬영장에 도착해야 합니다. 그날 촬영 컨셉에 맞는 조명을 세팅하고 카메라와 컴퓨터 등 기계를 점검하고 모델이 준비되기 전에 모든 촬영준비를 끝내야 합니다.

그렇게 준비하다 보면 한 사람 두 사람씩 스태프들이 도착합니다. 그중에는 안면이 있는 사람도 있고 처음 함께 작업하는 사람들도 있습니다.

반갑게 인사하고 이런저런 농담을 주고받으며 서로를 소개합니다. 모든 사람들이 도착해서 준비가 끝나면 본격적으로 촬영을 시작하기 전에 다같이 가볍게 서로 인사를 합니다. 그러면 누가 누구인지 대충은 알 수 있습니다. 오늘 하루 이 작은 공간에서 한 가지 목표를 위해 함께 뛰는 선수들이 누군지 알고 시작하는 것은 사소한 듯하지만 아주 중요한 매너라고 생각합니다.

촬영이 시작되면 서로 활발한 피드백을 주고받습니다. 헤어, 메이크업, 조명, 모델의 포즈 등 서로 의견을 교환하며 체크합니다. 무척 예민할 수 있는 내용이지만 각자가 맡은 전문분야의 의견은 중요하게 받아들여져야 합니다. 그를 위한 밑바탕에는 서로간의 신뢰와 존중이 필수입니다.

특히 사진가는 여러 사람의 의견을 수렴하는 동시에 자신의 사진을 만들어가야 합니다. 결국 결과물에 대한 책임은 전적으로 사진가에게 있기 때문입니다.

몇 년 전 한국의 모 백화점에서 광고 촬영을 의뢰받았습니다. 저에게는 언젠가 모국에서 큰 광고 촬영을 의뢰받아 한국에 방문하고 싶다는 꿈이 있었습니다. 멀게만 보였던 꿈이 이루어진 겁니다.

떨리고 기쁜 마음으로 촬영 당일 일찌감치 스튜디오에 도착해 촬영 준비를 하면서 함께 작업할 여러 스태프 분들을 기다렸습니다.

그런데⋯ 이 조용하고 살짝 어색한 분위기는 뭐지? 서로 인사를 하는 둥 마는 둥 자기 일을 하느라 바쁜 사람들⋯ 촬영을 진행하는 동안에도 이렇다 할 피드백 하나 없이 매우 조용한 분위기만 계속되었습니다.

'아! 답답합니다~ 좋다, 나쁘다, 예쁘다, 멋지다, 이상하다, 뭐라도 얘기를 좀 던져보시라고요~'라는 외침이 목구멍까지 올라왔습니다.

나중에 들으니 한국의 촬영장 분위기는 원래 그렇게 조용하다더군요. 그 이유가 뭘까 곰곰이 생각해봤는데, 너무 예의를 지키는 나머지 서로의 영역을 침범하지 않으려는 아주 동양적이고 공손한 이유가 아닌가 싶었습니다.

《칭찬은 고래도 춤추게 한다》라는 책이 있습니다. 전 그 책의 절대적 신봉자입니다. 칭찬만큼 돈 한 푼 안 들이면서 즐겁고 아름답게 사람과의 관계를 시작하는 방법은 없는 것 같습니다.

모델을 처음 만나면 머리부터 발끝까지 번개 같은 속도로 스캔하여 이 사람이 오늘 가장 신경 쓴 부분은 어디인지를 빠르게 연구합니다. 조금만 상대방에 관심을 기울이면 무엇이든 칭찬할 거리는 항상 있습니다. 작은 디테일을 칭찬할수록 효과는 더 큽니다. 작고 독특한 귀걸이일 수도 있고 귀여운 네일아트 또는 유니크한 신발일 수도 있습니다.

그렇게 대화를 시작하면서 모델의 마음을 사려고 노력합니다. 촬영 중에 모델이 진심으로 즐거워하면서 짓는 미소와 직업적으로 짓는 미소는 같아 보이지만 전혀 다른 느낌이기 때문입니다.

메이크업이나 헤어가 마음에 들지 않을 때도 일단 좋은 부분부터 칭찬합니다. 그리고 공손하게 '이 부분은 이렇게 하면 어떨까요' 하고 제안합니다.

세상에 비난이나 질책을 좋아하는 사람은 없습니다. 더군다나 공개적인 자리에서는 말입니다. 그리고 기분이 살짝이라도 상한 상태에서는 최고의 손길이 나오기 어렵겠지요.

광고사진 촬영장의 사진가는 사진가보다는 감독에 조금 더 가까운 역할이 아닌가 생각합니다. 셔터를 누르는 것보다 더 중요한 역할은 모든 스태프가 자신의 기량을 110% 발휘할 수 있도록 잘 이끌고 도와주는 것입니다.

아무리 훌륭한 모델이라 해도 아침 일찍 일어나 평상시보다 몇 배나 많은 양의 메이크업과 헤어 제품을 얼굴과 머리에 얹고서 카메라 앞에 서자마자 최상의 표정과 포즈를 선보이기란 쉬운 일이 아닙니다. 30~40% 상태로 시작하는 모델의 컨디션을 100% 이상으로 끌어올리는 일은 모델과 사진가가 좋은 에너지를 서로 교환해야 가능합니다. 그 에너지를 잘 이끌어내는 능력이야말로 좋은 사진가가 갖춰야 할 중요한 요건이라 생각합니다.

촬영장은 즐거운 파티처럼 항상 흥겹고 신났으면 좋겠습니다. 서로 호흡을 맞춰가면서 잘생긴 남자는 더 멋지게 예쁜 여자는 더 아름답게 만들어가는 일이 생명을 좌우하는 수술실처럼 근엄하고 조심스러울 필요는 없지 않을까요?

오래전 런던에서 열정의 끝판왕인 브라질의 삼바 댄서들을 모델로 하여 외국 휴대폰 브랜드 광고를 촬영한 적이 있습니다. 그들에게 동선과 표정을 지시하기 위해 저는 아예 같이 춤을 추면서 촬영을 진행했습니다. 카메라는 삼각대에 올려 앵글을 맞춰놓고 제 어시스턴트에게 셔터를 누르게 했습니다.

모든 사람이 땀에 흠뻑 젖도록 온종일 춤을 추면서 엄청난 춤판을 벌였고 덕분에 기대 이상으로 에너지가 흘러넘치는 사진이 만들어졌습니다.

모든 스태프가 신명나게 벌인 춤판, 지금도 그때를 생각하면 온몸이 들썩거립니다. 지금도 삼바음악을 크게 틀어놓고 살짝살짝 엉덩이를 흔들면서 글을 쓰고 있습니다. 그리고 다음 촬영에는 어떤 음악을 틀어서 분위기를 띄울지 애플뮤직과 지니뮤직 속에서 열심히 음악탐험 중입니다.

이름 부르는 사회

이름 부르는 것을 좋아합니다.
특히 나이 차이가 나는 사람의 이름을
다정하게 부르면 친밀감이 느껴집니다.
아이 친구들이 '아이작 아빠Issac's dad'나
'아이리스 아빠Iris's dad'라고 부르는 것보다 그냥
'Hi, MJ'라고 불러주면 너무나 행복합니다.
왠지 모르게 나이라는 벽을 허무는 느낌이라고 할까요?
직책이나 지위로 불리는 사회가 아니라
서로 다정하게 이름을 부를 수 있는 사회가 부럽습니다.
서로 이름을 부르는 순간
모든 사회적 지위, 나이, 환경 등을 뛰어넘어
친구가 될 수 있기 때문입니다.

사진,
잘 찍고 싶으신가요?

　사진을 잘 찍고 싶으신가요? 사진가의 책에는 이에 대한 이야기가 반드시 있어야 하지 않을까 하여 고민해봅니다.

　당연히 '그럼 난 사진을 잘 찍는가'라는 질문부터 시작해야 할 것 같습니다. 전 사진을 찍고 돈을 받는 프로페셔널 사진가이므로 프로가 아닌 사람들보다는 반드시 잘 찍어야 합니다. 일반인보다 실력이 떨어지는 사진가를 고용할 클라이언트는 이 세상 어디에도 없겠지요. 가끔 핸드폰 사진을 못 찍는다고 아내에게 불평을 듣기는 합니다만….

　사진에도 여러 분야가 있습니다. 제가 주로 하는 광고사진이나 음악사진, 인물사진은 당당히 '저 잘 찍습니다'라고 부끄러움 없이 말할 수 있습니다. 하지만 제가 잘 접하지 않는 풍경사진이나 길거리 사진은 영 자신이 없습니다.

전설적인 종군 사진기자였던 로버트 카파는 "당신의 사진이 좋지 않다면 당신이 충분히 다가가지 않은 것이다If your photographs aren't good enough, you're not close enough "라는 말을 남겼습니다. 무척이나 공감하는 말입니다.

여기에 저는 '찍으려고 하는 대상과 더 많은 시간을 보내세요!'라고 덧붙이고 싶습니다. 피사체에 대한 애정과 관심이 있다면 남들이 보지 못하는 다른 무언가를 보게 된다는 뜻입니다. 그 피사체는 사람이 될 수도, 사물이 될 수도, 풍경이 될 수도 있습니다.

나태주 시인의 〈풀꽃〉이라는 시가 정확하게 이를 표현하고 있습니다.

자세히 보아야 예쁘다
오래 보아야 사랑스럽다
너도 그렇다

풀꽃뿐이 아닙니다. 거리의 흔한 풍경도 계절, 시간, 온도, 날씨에 따라 다양한 모습을 보여줍니다.

그 거리를 얼마나 자세히 보았는지, 그 거리에서 얼마나 오랜 시간을 보냈는지가 그대로 사진에 나타납니다. 아무리 훌륭한 사진가라도 한 피사체를 위해 오랜 시간을 보낸 아마추어 사진 가를 당해내지는 못합니다.

시간이나 애정과 별개로 반드시 습득해야 하는 기본적인 지식도 물론 있습니다.

사진은 필름과 디지털 모두 동일하게, 반사되는 빛을 기록하는 기술이자 예술입니다. 사진을 찍을 때 카메라가 받아들이는 빛의 양을 어떤 방법으로 얼마나 조절하느냐에 따라 전혀 다른 사진이 만들어집니다.

필름감도ISO, 셔터 스피드 그리고 조리개 수치, 단순한 이 세가지의 구성으로 말입니다.

이 단순한 원리를 아는지 모르는지에 따라 아마추어 사진 세계에서는 어마어마한 차이가 납니다. 이 기초적인 지식과 당신의 예술적인 눈, 피사체를 위해 보낸 오랜 시간이 합쳐지면 좋은 사진이 나오게 됩니다.

기술적인 것은 인터넷이나 유튜브를 찾아보면 차고 넘치는 정보를 단시간 내에 얻을 수 있습니다.

하지만 예술적인 눈을 갖는 것은 짧은 시간에 되는 일이 아닙니다.

좋은 사진, 아름다운 그림, 멋진 조형물, 자연이 만들어내는 풍경, 영화, 연극, 뮤지컬, 드라마, 음악, 책 등등 주변에 펼쳐져 있는 수많은 예술적 영감의 원천들로부터 자극받고 흉내 내고 소화하고 배우고 발전해야 합니다.

조선시대 어느 문인의 글을 살짝 인용해보자면, 아는 만큼 보이고 보이는 만큼 찍을 수 있습니다. 알면 곧 참으로 사랑하게 되고, 사랑하면 참으로 보게 되고, 볼 줄 알게 되면 찍을 수 있게 됩니다.

안타깝지만, 렌즈는 이것을 사용하고 카메라는 저것을 사용하고 자세는 이렇게 하면 환상적인 사진을 찍을 수 있다는 팁은 드릴 수가 없군요.

카메라와 렌즈는 화가의 붓이나 캔버스와 같을 뿐입니다. 그 위에 어떻게 그림을 그릴지는 화가의 손에 달려 있습니다.

작은 카메라

작은 카메라를 수없이 구입했습니다.
언제라도 가지고 다닐 수 있는
너무 크지도 너무 작지도 않은
적당히 예쁘고 적당히 폼 나는
어떤 상황에서도
눈앞에 펼쳐진 아름다움을 충실히 담아낼 수 있는
다양한 포맷과 다양한 브랜드의 카메라를
가끔은 저렴하게 가끔은 거금을 들여서
아내의 따가운 눈초리를
두꺼운 낯으로 뻔뻔히 버텨가며
수집 아닌 수집을 했습니다.
카메라가 100개쯤 되면
좋은 사진가가 될 수 있을까요?
카메라 개수로 좋은 사진가를 가른다면
전 아마 굉장히 상위권일 겁니다.

사진에 생명을 불어넣는 일,
후반작업

사진 찍기를 좋아한다는 분들을 제법 많이 만났습니다. 그분들은 사진을 위해 많은 시간을 할애할 뿐 아니라 좋은 카메라 장비를 구입하고자 큰돈도 아낌없이 지출합니다.

전문가 수준의 사진 테크닉을 보유한 분들도 계시고 전문가보다 더 많은 장비를 가지고 계신 분도 보았습니다.

사실 그런 세미-프로페셔널 또는 킨-아마추어들을 만나 이야기하다 보면 그들이 내뿜는 사진 열정에 스스로 약간 부끄러워지면서 그들이 부러워지곤 합니다.

저도 사진에 대한 열정을 뿜뿜 내뿜었던 시절이 있었습니다. 그 열정은 다 어디로 간 걸까요? 열정이 일로 변하면서 사진은 그저 생계의 수단으로 (물론 그게 나쁘다는 것은 아닙니다만) 변해버린 걸까요?

필름으로 사진을 찍던 시절에는 결과물을 보려면 반드시 사진을 인화해야 했습니다. 슬라이드 필름일 경우에는 프로젝터를 통해 보기도 했고요. 한 컷 한 컷 정성 들여 찍은 사진이 사진관에서 돌아오기를 기다리는 설렘의 시간이 정작 사진을 손에 쥐었을 때보다 조금 더 행복했던 것 같습니다.

하지만 디지털 카메라가 일상화된 지금은 따로 사진을 인화하지 않아도 휴대폰이나 컴퓨터 화면에서 바로 사진을 볼 수 있기 때문에 실물로 프린트하는 사람은 극히 드문 것 같습니다. 찍는 과정도 쉬워졌고 보는 방법은 더 쉬워졌습니다.

사람들은 쉽게 얻을 수 있는 것에는 그리 큰 가치를 두지 않습니다.

명품이 가치 있는 것은 쉽게 소유할 수 없기 때문 아닐까요? 누구나 손쉽게 가질 수 있는 것에는 명품이라는 거창한 타이틀이 붙지 않습니다. 안타깝게도 사진의 가치가 명품과는 정반대가 되어버린 것 같습니다. 일상에 너무 친숙하게 들어와서 이제는 그 아름답고 소중한 가치가 턱없이 바래버린 누군가의 배우자처럼 말입니다.

인화 전, 찍은 사진에 생명을 불어넣는 작업이 바로 후반작업입니다.

제가 만나고 대화했던 많은 아마추어 사진가들은 사진을 찍는 데에만 공을 들이고, 찍는 과정 못지않게 중요한 후반작업은 놓치는 경우가 많았습니다.

필름사진 시절, 암실에서 사진을 보정하는 데는 매우 특별한 기술이 필요했습니다. 일반인이 암실을 접할 기회도 그리 흔하지 않았습니다.

그렇습니다. 필름 시절에도 일반인들에게는 알려지지 않은 사진보정 기술이 있었습니다.

디지털 사진에는 많은 사람들이 아는 것처럼 '뽀샵'이라 불리는 유용한 소프트웨어가 있습니다. 포토샵(뽀샵)은 과거의 복잡했던 암실작업을 21세기 디지털시대에 맞게 업그레이드해 개인용 컴퓨터에서 사용할 수 있게 했습니다. 사진가라면 반드시 쓸 줄 알아야 하는 중요한 과정 중 하나입니다.

후반작업은 '사진 버리기'로부터 시작합니다.

디지털 카메라는 다량의 사진을 돈 한 푼 안 들이고 찍을 수 있습니다. 하지만 이 편리함은 수백 수천 장의 불필요한 사진을 만들어냅니다.

사진의 홍수 속에서 좋은 사진만 골라내고 나머지는 싹 다 지워야 합니다. 쉽지 않습니다. 이것도 좋은 것 같고 저것도 필요할 것 같습니다. 하지만 100장 중에 10장 또는 5장을 골라내는 훈련이 필요합니다. 스스로 혹독한 편집장이 되어서 자신의 사진을 날카롭게 평가해야 합니다.

그렇게 살아남은 사진을 이제 포토샵에서 예쁘게 다듬습니다. 디지털로 만들어낸 사진은 조리하기 전의 식재료와 같습니다. 정성 들여 씻고 자르고 버무려서 요리를 해야 완성품이 나옵니다. 카레라이스를 해준다면서 '여기 닭가슴살, 감자, 당근, 양파, 카레가루가 있으니 맛있게 먹고 흔들면 위에서 잘 섞일 거야~'라고 할 수는 없습니다. 소금을 얼마나 넣는지, 후추와 향신료를 얼마나 사용하는지에 따라 같은 재료라도 백인백색의 다양한 손맛이 나오니까요.

단, 맛있는 요리를 위해서는 좋은 재료가 필요하듯 훌륭한 사진 결과물을 위해서는 좋은 사진이 필요합니다. 대충 찍은 사진을 아무리 포토샵으로 만져봐야 호박이 황금마차로 탈바꿈하는 신데렐라의 마법은 일어나지 않습니다. 사진의 후반작업은 좋은 식재료를 가지고 맛있는 음식을 개성 있게 조리하는 과정이라고 생각합니다.

후반작업이 끝났으면 드디어 사진을 프린트할 시간입니다.

집에 있는 프린터로 할 수도 있지만 전 전문 사진관에 맡기는 것을 적극 추천합니다. 요즘은 모든 것이 온라인으로 가능한 시대여서 사진관에 온라인으로 사진을 보내고 택배로 프린트를 받을 수 있으니 오고가는 수고도 덜 수 있습니다. 사진 전문 프린터로 인쇄한 사진은 집에 있는 다용도 컬러 프린터로 뽑은 사진과는 품질 면에서 크게 차이가 납니다.

  경제적으로 어려웠던 예전에는 소중한 누군가에게 선물을 해야 하면 제가 찍은 풍경사진을 프린트해서 드리기도 했습니다. 지금 생각해보면 참 의미 있는 선물이라는 생각이 듭니다. (받는 분도 그렇게 생각했을지는 모르겠지만요.) 정성 들여 찍은 한 컷의 사진, 단 한 장의 프린트… 나름 하나뿐인 명품이 될 수도 있지 않을까요? 하지만 좀 먹고 살 만해지면서 선물을 돈으로 사기 시작했고 나도 모르게 사진선물이 중단되었다는 것을 깨달았습니다.
  음… 앞으로 좋은 사람들에게 좋은 선물을 하기 위해 좋은 풍경사진을 찍어야겠다는 욕망이 불현듯 솟아오르네요.

  당신도 이렇게 많은 정성과 시간을 들여 만들어낸 멋진 사진을 좋아하는 사람에게, 존경하는 분께 선물로 드리면 어떨까요?
  벽에 걸린 멋진 사진을 볼 때마다 당신의 정성이 감동과 즐거움으로 오랫동안 남게 될 것입니다.

비틀즈에게 사인을!

2014년에 비틀즈 미국상륙 50주년 기념콘서트가
LA에서 성대히 열렸습니다.
비틀즈의 남은 멤버 폴 매카트니와 링고 스타가
함께 무대에 서서 비틀즈의 히트곡을 연주하는 보기 힘든
광경이 기획되었고 폴 경의 사진가인 제가 리허설을 비롯한
모든 과정을 사진에 담게 되었습니다.
리허설 시간에 오랜만에 만난 링고 스타와 폴 매카트니는
어린아이들처럼 농담을 주고받기에 바빴습니다.
짓궂은 장난을 치면서 서로 한마디도 지지 않는 모습이
영락없는 10대 아이들 같았습니다.
오랫동안 기억에 남을 재미있고 멋진 사진들을
책으로 만들어 폴과 링고에게 선물했습니다.

며칠이 지난 후 링고의 비서에게서 전화가 왔습니다.
"MJ, 집 주소가 어떻게 돼요?
링고가 당신이 준 사진집을 보내려고 하는데요."
헉… 이게 무슨 소리지? 책에 무슨 문제라도 있나?
심장이 툭 내려앉으려고 하는 순간,
"당신이 찍은 사진이 너무 좋아서 책에 당신 사인을 받고 싶대요."

헐…
저 비틀즈에게 사인해준 사람입니다.

정답이 없는 일에서
좋은 결과를 얻으려면

사진을 이렇게 찍는 게 맞고 저렇게 찍은 사진이 좋은 사진이라는 모범답안은 존재하지 않는다고 믿는 편입니다.

손바닥만 한 크기의 카메라가 100명의 손에 들어가면 100가지의 다른 사진이 만들어집니다. 완벽하게 똑같은 사진은 있을 수 없습니다. 사진만 보고 찍은 사람이 남자인지 여자인지 어떤 배경을 가지고 있는지 알아내는 것은 거의 불가능합니다. 경제적 수준, 학문적 깊이, 예술적 능력, 인종, 나이, 성별 등과는 전혀 상관없이 각자가 바라보는 시선에 따라 독특한 사진이 만들어집니다.

제가 사진을 시작하고 얼마 안 되었을 때 감명 깊게 본 〈세인트 오브 뉴욕The Saint of Fort Washington〉이라는 영화가 있습니다.

조현병을 앓는 젊은 노숙인 매튜는 필름이 없는 빈 카메라를 가지고 사진을 찍으며 세상을 바라봅니다. 그러던 어느 날 함께 노숙을 하는 친구에게서 필름 한 통을 선물받고, 주저하던 그는 결국 노숙인들의 삶이 담긴 아름다운 사진들을 몇 장 남기고 세상을 떠납니다.

사실 이 영화의 주제는 사진이 아닙니다. 하지만 사진가인 제 눈에는 사진 이야기가 가장 감동적으로 다가왔습니다. 젊은 나이에 뜻하지 않게 조현병이 찾아와 길거리에서 지내게 된 매튜는 세상과의 소통을 어려워합니다. 하지만 그의 가슴과 눈에 아름답게 다가오는 광경을 하나씩 사진으로 담아가는 모습에서 사진의 크나큰 매력이 보였습니다.

많이 배우고 잘 갖춰진 스펙이 있어야 사진을 잘 찍을 수 있다면 전 아마도 사진을 진즉에 포기했거나 낙오자가 되었을 겁니다. 훌륭한 학교에서 사진을 공부하지 않아도, 고가의 빛나는 카메라 장비를 가지고 있지 않아도, 아무나 갈 수 없는 신비한 곳을 여행하지 않아도, 거창하고 심오한 주제를 다루지 않아도 누구나 아름다운 사진을 찍을 수 있습니다.

사진을 즐기고 바라보는 행위 또한 깊은 예술적 소양이나 지식이 없어도 눈과 가슴이 받아들이는 대로 느끼고 즐기면 그만입니다.

그렇기에 오늘날 사진이라는 매체는 전 세계 거의 모든 사람들 속으로 깊이 파고들어가 이제 우리의 생활과 뗄 수 없는 중요한 삶이자 예술의 한 부분이 되었습니다. 전 세계에서 매일 수억 장의 디지털 사진들이 찍히고 공유됩니다. 많은 이들이 저마다 소소한 아름다움을 발견하여 지구 반대편의 사람들과 함께 즐기는 게 일상이 되었습니다.

전 정답을 맞혀야 하는 시험에 영 소질이 없습니다. 뻔히 잘 아는 질문도 시험이라는 형식에 담기면 머리가 하얘지고 가슴이 답답해집니다. 20대부터 운전을 해서 운전에 어려움을 느껴본 적이 없는데도, 몇 년 전 미국으로 이주해서 운전면허시험을 다시 봐야 했을 때 세 번이나 떨어졌습니다… 평소에 아무렇지도 않게 하던 운전이었는데 감독관이 옆에 앉아 나를 지켜보고 평가한다고 생각하니 갑자기 초보보다 못한 초보가 되어버린 기분이었습니다.

그런 저에게 사진에 정답이 없다는 것은 얼마나 큰 위안인지 모릅니다. 만일 나비넥타이를 매고 빵모자를 눌러 쓴 사진계의 권위자가 윈스턴 처칠처럼 파이프 담배를 입에 물고 심각한 표정으로 내 사진을 심사해 좋은지 아닌지 평가한다면 지금만큼 사진을 즐기지 못했을 게 틀림없습니다.

하지만 역설적으로, 모범답안이 없기에 너무나 어려울 수 있는 것이 사진이기도 합니다.

만약 인물사진에 '1+2=3'이라는 공식이 있다면 찍을 때 그대로 따라 하면 될 텐데 그런 게 전혀 없습니다.

찍히는 인물의 그날 컨디션이 어떤지, 아침에 나올 때 가족과 다투지는 않았는지, 어제 과음해서 숙취에 시달리고 있지는 않은지, 아니면 기다리던 좋은 소식이 와서 들뜬 상태인지에 따라 전혀 다른 결과물이 나올 수 있습니다. 같은 이유로 찍는 사람의 컨디션 역시 사진에 큰 영향을 끼칠 수 있습니다.

그러므로 어제 좋은 사진을 찍었다고 해서 오늘도 좋은 사진을 찍으리라는 보장은 전혀 없습니다.

그 말인즉슨 사진을 찍는 매 순간이 처음 찍을 때처럼 어렵다고 해도 과언이 아니라는 뜻입니다.

그렇다면 쉽고도 어려운 사진을 잘 찍을 수 있는 특별한 방법은 결단코 없는 걸까요?

제가 알고 있는 방법이 딱 하나 있습니다.

그것은 바로 '열정'입니다.

너무 많이 들어서 식상한 단어라는 것은 잘 알고 있습니다. 그러나 열정은 한 가지 모습으로 나타나지 않습니다. 열정의 모습은 수도 없이 다양합니다.

가령 인물사진을 찍을 때에는 미리 피사체의 관심사, 취미 등을 알아보는 예습의 열정이 있습니다.

유명인이라면 온라인에 많은 정보가 있기 때문에 여러 가지 스토리와 디테일을 파악할 수 있습니다. 그중에서 함께 이야기하고 공감할 수 있는 것들을 미리 알아두어 촬영 전에 자연스럽게 이야기를 끌어냅니다. 친근하게 대화를 리드할 수 있으면 촬영의 절반은 이미 성공한 것이라 생각합니다. 편안하게 긴장을 푼 사람만큼 좋은 피사체는 없기 때문입니다. 적절한 대화거리는 자칫 차가울 수 있는 촬영장을 따뜻하게 녹여줄 최고의 도구입니다.

풍경사진을 찍을 때의 열정은 부지런함과 기다림으로 나타납니다. 똑같은 길거리 사진도 해 뜨기 전의 새벽과 해가 중천에 떠 있는 정오 또는 해질 무렵의 모습이 다르고 봄, 여름, 가을, 겨울 4계절의 모습이 다릅니다. 그 길을 채우고 있는 사람들의 모습도 다릅니다. 그렇기에 길거리 한 번을 찍으려면 남들이 자고 있는 이른 새벽에 부지런히 나와야 하기도 하고, 해지는 아름다운 노을을 찍기 위해 오랜 시간을 길 위에서 기다려야 하기도 합니다.

여행사진을 찍을 때는 육체적 노동이 열정으로 나타나기도 합니다. 정말 많은 사람들이 무슨 카메라와 렌즈를 사야 하는지 고민하고 고민하다가 거금을 들여 큼직한 장비를 구입합니다. 하지만 그 많은 프로 장비들은 무겁다는 이유로 점점 집 밖을 벗어나지 못하게 되곤 합니다. 장비가 무겁고 부피도 크다 보니 카메라를 향한 처음의 열정은 점점 번거로움으로 바뀌고, 많은 지인들이 제게 다시 조금 작은 카메라를 추천해달라고 합니다.

저 역시 모든 장비를 들고 나가려면 그 막중한 무게 때문에 부담이 됩니다. 하지만 여러 장비를 가지고 나오면 다양한 앵글의 사진을 찍을 수 있는 것이 사실입니다. 광각렌즈만 가지고 나오면 꼭 망원렌즈가 필요해지고, 줌렌즈만 가지고 나오면 단초점렌즈가 없어서 아쉬워하게 됩니다. 결국 좋은 사진을 찍고 싶다는 열정으로 무게를 감당하는 것이죠.

이렇듯 열정을 품고 찍은 사진들은 어느 곳에 있어도 빛이 납니다. 우연과 운으로 멋진 사진을 찍을 수도 있지만, 그것들은 그리 오래가지 못합니다.

좋은 사진을 찍고 싶은 분들에게 다시 한 번 열정을 불태우시라는 조언을 드립니다. 이 조언은 저도 스스로에게 언제나 하는 충고이자 다짐이기도 합니다.

직업으로서의
사진가

사진가는 참 멋진 직업임에 틀림이 없습니다.

사진가라는 타이틀에는 화려한 스튜디오에서 많은 어시스턴트의 도움을 받아가며 잘생기고 아름다운 모델과 함께 멋진 광고사진이나 매거진의 화보를 찍고, 시간적·경제적 여건에 구애받지 않고 이 세상 가장 아름답고 신비로운 곳으로 언제든 사진 여행을 떠날 수 있으며, 유명 갤러리에 초대받아 그동안 찍어둔 환상적인 사진들을 전시하여 사람들의 환호와 부러움을 한몸에 받을 것 같은 이미지가 녹아 있습니다.

일반적인 회사원처럼 매일 아침 떠지지 않는 눈을 억지로 비벼가며 넥타이를 매는 출근준비는 생각할 필요도 없고 출퇴근 시간의 지옥철에 시달릴 이유도 없이 편안한 스케줄로 움직이고, 촬영이 없는 날에는 느긋하게 침대에 누워 뭉그적뭉그적 게으름을 피워도 눈치 주는 사람 없는, '인생은 참 아름답구나' 콧노래가 절로 흘러나오는 즐거운 삶을 살 수 있을 것만 같습니다.

이 모든 상상이 허구는 아닙니다. 하지만 일반적인 실상도 결코 아닙니다. 이 같은 화려한 모습만 동경하고 사진을 시작하면 곧 좌절하게 됩니다. 많은 분야가 그렇듯이 사진 역시 전 세계 최상위 1%의 사진가들에게만 럭셔리한 삶을 허락합니다. 저를 포함한 나머지 99%의 사진가는 매일을 치열한 경쟁 속에 살아가야 합니다.

그저 사진이 좋아서 사진을 위해 삶을 불태우고 뼈를 깎으며 하루하루를 열심히 살아간 끝에 성공이라는 결과물이 따라와야 하는 것이지, 처음부터 화려한 삶이 목적이 되어서는 안 됩니다.

사진으로 처음 돈을 벌었던 때가 1998년입니다. 이제 20년이 조금 넘었습니다. 감사하게도 저는 지난 11년간 폴 매카트니라는 좋은 클라이언트가 함께해주어 남들보다 조금 더 편안하고 좋은 환경에서 사진가의 삶을 살아오고 있습니다.

하지만 촬영이 없는 날에는 어김없이 불안감이 밀려옵니다. 이러다가 내가 잊히는 것은 아닌지, 더 이상 클라이언트가 나를 원하지 않는 것은 아닌지, 에이전트로부터 경합 중이던 촬영이 다른 사진가에게 갔다는 이야기를 들으면 가슴이 철렁합니다.

경력 20년차인 저도 이러니 새로 시작하는 사진가들의 불안은 말할 필요도 없겠지요.

한국은 아쉽게도 상업사진가의 직업수명이 외국에 비해 많이 짧습니다. 50대가 넘어서도 왕성하게 작업하는 사진가를 꼽아보려 하니 마땅히 떠오르는 이름이 없습니다.

외국에서는 60~70대의 고령에도 쌩쌩하게 활동하는 사진가들이 무지 많습니다. 얼마 전 86세의 나이로 타계한 샤넬의 칼 라거펠트도 마지막 순간까지 패션사진을 찍었습니다. 나이와 경력이 쌓이면서 만들어진 장인의 실력을 존경하고 존중하는 사회가 부럽습니다. 항상 새로운 것, 젊고 혁신적인 것을 사랑하는 한국에서도 언젠가는 이런 분위기가 만들어지지 않을까요?

제가 앞으로 얼마나 더 사진을 찍게 될지는 모르겠습니다. 하지만 가능한 오랫동안 현역으로 활동하고 싶습니다. 늦은 나이까지 왕성하게 활동하는 사진가의 삶을 살면서 후배들에게 좋은 본보기를 남겨두고 싶습니다.

상업사진가로 가는 가장 좋은 길은 좋은 상업사진가의 스튜디오에서 조수로 일하며 사진과 실무를 배우는 겁니다.

하지만 한국에서는 어시스턴트로 지원할 때조차 학위가 필요하다고 들었습니다. 안타까운 일입니다. 영국과 미국에서 제법 오래 살았지만 사진가가 되기 위해 학위가 필요하다는 얘기는 들어본 적이 없습니다.

사진을 하고 싶지만 학위가 없어서 고민인 분이 계시면 제게 이력서를 보내시길 바랍니다. 제 어시스턴트가 되기 위해서는 학력이 필요하지 않습니다.

대신 반드시 필요한 게 있습니다. 사진에 대한 열정과 삶에 대한 성실함입니다. 전 이 두 가지가 학위보다 절대적으로 필요한 성공의 요소라고 생각합니다. 사진에 대한 열정은 사진을 더 배우고 싶게 만들고 더 좋은 사진가로 성장하게 해주는 좋은 원동력이 되고, 삶에 대한 성실함은 사람과의 관계를 돈독하게 만들고 서로의 신뢰를 쌓아가는 밑바탕이 됩니다.

결국 좋은 사진가 이전에 좋은 사람이 되어야 하는 것 같습니다.

- 3...2...1... | ...1...2...3 +

3부.
사진이 넘치는 세상에서
사진가로 산다는 것

．　． 　[．]　．　．

인스타그램 시대에
사진가로 산다는 것

　많은 사람들이 사진을 찍습니다. 24시간이라는 시간, 단 하루에 3억 장의 사진이 페이스북에, 거의 1억 장의 사진이 인스타그램에 공유된다고 합니다.

　이쯤 되면 모든 사람이 사진가라 해도 과언이 아니겠습니다.

　페이스북에서 시작된 사진 공유 유행은 전 세계로 빠르게 퍼져나갔고 인스타그램이 등장하며 정점을 찍었습니다.

　휴대폰 카메라도 처음에는 우습지도 않은 부가기능 정도였는데 성능이 상상 이상으로 발전하더니 이제는 휴대폰에 카메라 기능이 있는 건지, 아니면 카메라에 휴대폰 기능이 있는 건지 헷갈릴 정도입니다. 지구상 거의 모든 사람들에게 스마트한 디지털카메라가 공급된 겁니다.

나의 일상은 이제 나만의 것이 아니고 너의 일상 또한 오롯이 너만의 것이 아니게 되었습니다.

  아내와 벼르고 별러서 찾아간 맛집에서 한 시간가량 줄을 서 배고픔이 극에 달했을 무렵 기다렸던 음식이 눈앞에 펼쳐집니다.

  빛의 속도로 기도를 한 후 숟가락을 들자마자 아내가 강렬한 레이저 눈빛으로 저를 쏘아봅니다.

  뭐지? 아내님이 숟가락을 드시기 전에 먼저 들어서 화가 나셨나?? 그릇들과 숟가락 젓가락을 이리저리 옮기시더니 이제 만족했는지… 전화기를 꺼내시는군요. 맞다, 사진… 물론 저는 감히 프레임에 끼지도 못합니다. 이렇게 저렇게 찰칵찰칵 찍은 후에 마침내 먹어도 좋다는 허락이 떨어집니다.

  내가 무엇을 먹었는지 어디를 다녀왔는지 얼마나 내 인생이 즐겁고 행복한지 전 세계에 광고하는 시대입니다.

  이렇게 열심히 찍은 사진에 다양하고 재치 있는 해시태그를 달고 SNS에 올린 다음에는 사람들의 '좋아요'를 기다립니다.

  내가 찍은 사진이지만 다른 사람들의 평가가 반드시 필요한, 모든 사람들이 사진작가이자 사진평론가인 매우 피곤한 세상에서 살아갑니다. 다른 3억9천9백9십9만9천9백9십9장의 사진과 경쟁하면서 말이죠.

  사진이라는 매체가 이렇게 빨리 소진되는 시기는 없었을 것입니다. 4억 장이라는 사진을 하루에 다 보려면 1초에 약

4629장의 사진을 봐야 합니다. 이는 1초에 4629장의 사진이 페이스북과 인스타그램에 올라온다는 말입니다. 내가 정성 들여 찍은 사진은 그렇게 디지털 사진의 홍수에 묻혀 사라져 갑니다.

19세기 사진이 처음 세상에 등장했을 때 사진의 주된 역할은 눈앞에 펼쳐진 세상을 있는 그대로 기록하는 것이었습니다. 그 후 사람들은 사진을 예술의 한 분야로 받아들였습니다.

사진 발명 후 100여 년이 지난 오늘날, 이제 그 역할은 예술적 가치보다는 경험의 공유가 아닌가 싶습니다.

내가 방문한 곳, 내가 먹은 음식, 내가 들은 음악, 내가 읽은 책, 내가 만난 사람, 내가 가진 물건, 내가 해본 짜릿한 경험… 내 삶은 당신의 삶보다 행복하다는 증거들이 경쟁하듯 소셜미디어의 세상을 가득 메웁니다.

사진을 프린트해서 앨범이나 액자에 끼워놓고 감상하던 아날로그 스타일 감상법도 이제는 옛이야기가 되었습니다. 사진은 이제 작은 화면 안에 갇혀버렸습니다. 물론 디지털 세상에서는 한없이 자유롭다고 얘기할 수도 있겠지만요.

찍는 것도 보는 것도 너무나 편리해져버린 사진이지만 어쩐지 그 가치는 조금씩 퇴색되는 듯합니다.

누구나 찍을 수 있는 사진, 화면에 잠시 마술처럼 나타났다가 홍수처럼 밀려드는 수억 장에 휩쓸려 사라지는 사진… 하루살이보다 생명이 짧아져 버렸습니다.

얼마 전 오랫동안 유명 잡지사의 편집장을 지내다 이제 막 은퇴한 선생님을 만나 이야기를 나눴습니다.

"이제 사진을 누가 찍었는지는 중요하지 않아, 사진에 많은 의미와 가치를 부여하는 시대는 끝나버렸어"라는 말을 듣자 가슴 한 켠이 아프고 아려왔습니다.

사진가의 가치가 인스타그램 팔로워가 몇 명인지로 평가되는 시대에 살게 된 것입니다. 갑자기 궁금해집니다. 이름도 빛도 없이 살다간 고흐가 인스타그램 시대에 태어났다면 과연 팔로워가 몇 명이었을까요.

스스로를 사진가라 소개하는 10대 후반의 젊은 친구를 만난 적이 있습니다. 자신감 있고 활기찼으며 자신이 하는 일을 몹시 사랑하는 듯 보였습니다.

그 친구는 자기에게 SNS 팔로워가 많다고 강조했습니다. 아, 그래서 자기가 사진가라고 자신 있게 말할 수 있나?

전 스스로 "사진가입니다"라고 말하기까지 오랜 시간이 걸렸습니다. 이유는 여러 가지겠지요. 우선 수습사원trainee photographer 시간이 길었습니다. 그리고 사진가라고 말하려면 그에 걸맞은 사진을 찍어야 하고 정당한 페이를 받아야 한다고 생각했습니다. 이 두 가지를 충족하는 데에도 오랜 시간이 걸렸습니다.

남들이 하지 않는 것을 하길 좋아합니다. 학생 때는 아무도 담배를 안 피워서 피우기 시작했고 나이가 좀 드니 다들 담배를 피워서 담배를 끊었습니다.

사진을 처음 찍을 때에는 사진 찍는 사람이 많지 않아서 좋았습니다. 그때만 해도 평소에 카메라를 들고 다니는 사람은 사진기자나 사진작가 등 소수의 전문가들로 한정되어 있었습니다. 학교에서 소풍 갈 때 누군가가 아버지의 장롱카메라를 가져오면 친구들이 부러운 듯 쳐다보던 시절이었습니다.

이렇듯 사진가라는 직업은 제법 전문직에 속했습니다.

큰 카메라를 메고 거리에서 사진을 찍으면 조금은 신기한 듯 쳐다보는 사람들의 시선이 좋았습니다. 도심의 바쁜 모습이 좋았고 해지는 노을의 아름다움이 좋았습니다. 힘든 노동을 하다 잠시 휴식하며 커피 마시는 사람의 편안함이 좋았고 공원에서 로맨틱한 데이트를 즐기는 커플의 모습이 좋았습니다. 시장에서 열심히 물건 파는 상인들의 삶을 카메라에 담는 것이 좋았고 낯선 이의 낯선 모습을 촬영하는 것이 좋았습니다.

길거리에서 마주친 누군가를 찍으려 할 때 프라이버시를 침해하면 경찰을 부르겠다고 경고하는 사람은 아무도 없었습니다. 오히려 카메라를 향해 웃어주거나 멋쩍게 포즈를 취해줬습니다.

이제는 세상이 바뀌었습니다. 길거리에서 함부로 타인을 찍으면 꽤 난처한 상황에 처할 수 있습니다. 카메라를 쳐다보는 사람들의 시선도 곱지 않습니다. 나의 모든 일상을 SNS에 공유하지만 나의 프라이버시는 침해받고 싶어 하지 않기 때문입니다.

사진의 희소성이 주는 특별함은 더 이상 없습니다. 내가 오늘 찍은 한 장의 사진은 그날 찍힌 4억 장 가운데 하나일 뿐입니다. 직업이 사진가이다 보니 비교당하는 게 두렵습니다. 어설픈 사진이라도 SNS에 올리면 전문 사진가가 어떻게 아마추어보다 못 찍느냐는 힐난을 들을 것만 같습니다. 그러다 보니 사람들에게 평가받기 위함이 아니라 온전한 나의 즐거움을 위해 사진을 찍어본 게 언제였는지 잘 기억이 나지 않습니다.

처음 시작했을 때 느낀 사진에 대한 열정과 사랑 그리고 자유로움이 그립습니다.

인생의 소중한 쉼표,
거절

　돌아보면 제 인생은 끊임없는 거절 속에 상처받고 깎이고 다듬어진 덕에 이제 조금은 단단해진 것 같습니다.

　물론 합격이라는 기쁜 소식도 있었기에 여기까지 올 수 있었겠지만 거절당하는 아픔을 겪으며 더 많은 것을 배우고 발전했다고 생각합니다.

　사춘기 때는 부모님의 이혼으로 가정이 깨지는 과정에서 가족 사이의 거절이라는 힘든 경험을 했고, 대학이라는 한없이 커 보이는 문 앞에서는 난생 처음 공개적이고 공식적으로 아프고 쓰라린 거절을 맛보았으며, 유학을 준비할 때는 미국영사관으로부터 이유야 어쨌든 간에 학생비자를 거절당했고, 영국 유학 중에는 원했던 아르바이트 자리로부터 무지하게 많은 거절을

당했습니다.

사진가라는 직업을 가진 후에도 여러 회사의 문을 두드렸지만 역시 상당한 거절 통보를 받았고, 뉴스 분야에 관심이 생겼을 때는 AP통신과 로이터통신사에 열심히 이력서를 보냈지만 제가 필요하지 않다는 쓸쓸한 소식만 전해들었습니다.

많은 시간이 흘러 드디어 스파이스걸스를 거쳐 마이클잭슨을 만나고 폴 매카트니와 작업하게 된 후 앞으로는 제 인생에, 적어도 사진이라는 분야에서는 더 이상 거절 당하는 일은 없으리라는 기분 좋은 상상을 하기도 했습니다. 하지만 그 상상은 얼마 지나지 않아 바로 산산조각이 났습니다.

앞에서도 언급했던, 우연히 알게 된 허스트 사의 전 대표 테리 맨스필드의 도움으로 갈망해 마지않던 영국의 〈엘르〉, 〈코스모폴리탄〉, 〈하퍼스바자〉, 〈에스콰이어〉의 편집장들을 한꺼번에 만나 미팅하는 심장 떨리는 기회를 갖게 되었는데 그들에게서 아무런 연락도 받지 못한 것입니다.

제가 아무리 유명인들과 관계가 좋고 오랫동안 함께 작업했어도 새로운 프로젝트 앞에서는 다른 사진가들과 마찬가지로 새롭게 선택받아야 하는 평범한 존재였던 것입니다.

이쯤 되면 제 자존감은 바닥을 치고도 모자라 저 깊은 지하의 어둠 속에서 은둔해야 할 지경에 처했을 수도 있었지만, 거절당한 이유는 내 능력이 모자라서가 아니라 내가 가지고 있는 멋진 재능과 지금 이 회사에서 찾고 있는 재능이 맞지 않아서… 라고 생각하기로 했습니다.

'당신의 손해입니다. 언젠가는 내 능력을 알고 나를 찾아올 날이 있을 겁니다'라는 최면으로 스스로를 위로하며 쓰디쓴 마음을 추슬렀습니다.

물론 쉽지는 않았지만 말입니다.

도전과 거절은 동전의 양면처럼 늘 함께 존재하는 단어라는 생각이 듭니다. 거절은 내가 새로운 목표를 마음에 품고 그 문을 열고 싶어서 도전했을 때 맞이하는 결과 중 하나입니다.

지금 내 상황에 만족하고 안주한다면 거절이라는 마음 쓰린 경험을 할 필요가 없을 수도 있습니다. 대신 성공이라는 감격에 찬 기쁨도 느낄 수 없겠지요.

인류는 더 나은 미래를 위해 끊임없이 도전하고 실패하며 발전해왔고, 저의 작은 인생도 그러했습니다.

아시아의 작은 나라 대한민국에서 대학 진학에 실패해 낙오자가 된 것 같았던 한 사람이 수많은 도전과 실패와 거절과 좌절 속에서도 아름다운 꿈과 소중한 희망을 버리지 않고 어린아이가 첫 발 떼듯 넘어지면 다시 일어나기를 반복해 어느덧 여기까지 걸어왔습니다.

오랜 시간이 걸렸습니다. 많은 좋은 일이 있었고 그만큼 아픈 일들도 많았습니다.

한 번은 걸음마를 마스터했다는 헛된 자만과 교만에 사로잡혀서 마구 달려 나갔던 적이 있습니다.

결과는 '아주 보기 좋게 고꾸라짐'이었습니다.

그때 얻은 깨달음이 있습니다. 남들이 어떤 속도로 가든 비교하지 말고 묵묵히 걸어가자, 뛰어가는 사람 부러워하지 말고 늦더라도 천천히 한 걸음씩 앞만 보고…

조금은 지칠 수 있어도 한 걸음씩 나아갈 때 나도 모르는 사이에 나만의 속도로 원하던 목적지에 도착하게 될 겁니다.

하지만 그곳 또한 최종 목적지가 아니라 수많은 중간 목적지 중 하나일 뿐입니다.

이 작은 목적지에 도달하면 그동안 넘어지면서 얻은 크고 작은 상처를 치료하고 다시 힘을 충전하여 다음에 나올 작은 목적지를 향해 걸어가야 합니다.

인생은 끝없는 마라톤이라 했던가요? 인생이라는 마라톤에서는 얼마나 빨리 목적지에 도착하는지가 아니라 어떤 경험을 쌓으면서 그 길을 걸었는지가 더 중요합니다.

우연한 기회로 고급 스포츠카를 타게 되었습니다.

우렁찬 배기음을 내뿜으며 굉장한 스피드로 도로를 미친 듯이 질주하며 다녔습니다. 그 굉음과 스피드, 남들의 부러워하는 시선이 너무나 좋았습니다. 그것이 인생의 전부인 양 살았습니다.

하지만 어느 날 문득, 빠른 속도로 출발지에서 목적지까지 정신없이 질주하다 보니 삶에서 많은 것들을 놓치고 있음을 알게 되었습니다.

차를 두고 걷기 시작했습니다. 천천히 걸으니 많은 것들이 보이기 시작했습니다. 길가의 조그만 나무, 이름 모를 꽃, 예쁘고 정감 가는 골목, 개성 넘치는 가게, 잠시 멈춰서서 보는 아름다운 도심의 석양, 사람들의 표정…. 제 두 아이들이 더 자세히 보입니다. 아들이 좋아하는 게임이 무엇인지, 딸이 좋아하는 아이돌이 누구인지 알게 되었습니다. 결혼 18년차인 아내의 재잘거리는 이야기 소리가 들립니다. 아내는 음식물쓰레기 버리는 것을 너무 싫어해서 제가 해야 하는 일임을 깨달았습니다.

화려하고 빠르게 달려 나가는 기계 안에 스스로 갇혀 있느라 천천히 걸어야 보이는 아름다운 삶의 장면들을 느끼지 못했습니다. 빠른 속도로 달려가는 것이 최고가 아님을 깨닫고, 천천히 걷는 시간의 소중함을 알았습니다.

제 삶에 있었던 그 많은 거절들은 저를 쉬어가게 했고, 숨을 크게 들이마시며 주위를 둘러볼 수 있는 소중한 시간과 기회를 주었습니다.

언제나 남들과 비교하고 비교당하는 피곤한 삶에서 이 쉼표가 없었다면 과연 무엇이 소중한지 결코 알 수 없었을 겁니다.

승승장구만 하는 사람은 절대 모를 소중한 쉼표를 찍어준, 그리고 앞으로도 계속해서 찍어줄 '거절'이라는 심술쟁이에게 오늘 진심으로 고마운 마음을 전합니다.

왜, 행복해 보이지?
컴패션을 만나다

영국에서 뜻하지 않게 사진기자 일을 시작했을 때, 아는 사진
기자로부터 돈 맥컬린Don McCullin이라는 영국 사진기자와 제임
스 낙트웨이James Nachtwey라는 미국 사진기자의 사진집을 소개
받았습니다.

철이라곤 눈곱만큼도 없던 10대와 20대를 보내며 진지한 고
민이나 어려움은커녕 편안하고 즐겁고 다소 말초적인 쾌락만
추구하며 살아왔던 저에게 그들의 사진은 충격 그 자체였고, 세
상을 바라보는 시각을 완전히 바꾸어버린, 제 인생에서 가장 뜻
깊은 경험이었습니다.

그들은 전 세계의 전쟁과 그에 따른 난민사태, 기아, 인간 또
는 자연이 만들어낸 재난을 수십 년간 촬영해왔습니다. 그 사진

한 장 한 장은 인류 역사의 사실적 기록이라는 차원을 훌쩍 뛰어넘어 인간의 잔혹함과 무기력함을 직시하게 했고, 인간의 본질은 과연 무엇인가를 진지하게 생각하도록 만들었습니다.

그들의 사진은 내가 런던이라는 멋진 도시에서 편안하고 안락하게 인생을 만끽하고 물질적으로 너무나도 풍족한데도 부족하다고 여기며 말도 안 되는 투정을 부리는 지금 이 시간, 지구 다른 곳에서는 정치, 종교, 인종 등의 이유로 서로를 잔인하게 죽고 죽이는 참혹한 전쟁이 벌어지고 있으며 21세기의 현실이라고는 상상할 수 없을 만큼 많은 사람이 식량, 마실 물, 기초의 약품이 없어서 죽어가고 있다는 사실을 알려주었습니다.

그 후 잠시 한국을 방문한 어느 날, 친한 지인을 통해 '컴패션'이라는 단체를 알게 되었고 그곳에서 발행한 《혼자가 아니에요》라는 사진집을 선물받았습니다.

컴패션은 한국전쟁이 치열했던 1952년 추운 겨울, 목회활동을 위해 한국을 방문한 미국의 에버렛 스완슨 목사가 새벽에 얼어 죽은 아이들의 시신이 산더미처럼 쌓여 있는 광경을 목격하고 충격을 받아 한국의 전쟁고아들을 돕기 위해 설립한 단체입니다.

컴패션은 가장 가난한 나라의 가장 가난한 지역, 가장 가난한

지역에 사는 가장 가난한 가정의 아이들을 찾아 후원자와 1대
1로 연결해 후원을 받게끔 해줍니다. 현재 12개 후원국과 25개
수혜국이 있으며, 대한민국은 41년간 원조를 받다가 엄청난 경
제성장 덕분에 1993년에는 수혜국에서 벗어났고 2003년에는
마침내 후원하는 나라로 바뀌었습니다. 이렇게 수혜국에서 후
원국으로 바뀐 사례는 전 세계에서 한국이 유일하다고 합니다.

컴패션 사진집과의 만남은 다큐멘터리 사진을 보는 제 관점
을 완전히 바꾸어 놓았습니다.

여태까지 제가 보아왔던 다큐멘터리 사진은 대부분 어리고
작은 아이들이 뼈만 앙상하게 남은 채 눈물 한 방울 흘릴 힘조
차 없이 고통 속에 서서히 죽어가는 절망적인 모습이었습니다.
그게 다큐사진의 전형이었습니다.

하지만 컴패션의 사진은 달랐습니다.

물론 전 세계에서 가장 가난한 아이들을 찾아 후원하기 때문
에 그들의 사진 속에도 지독한 빈곤이 있고 깨어진 가정이 있고
절망으로 가득 찬 환경이 보입니다. 산처럼 쌓여 있는 쓰레기더
미에서 아이들이 음식을 찾아 헤매고 돈이 될 만한 물건들이 없
는지 뒤집니다.

살 곳이 없어서 이곳저곳 쫓겨 다니다 결국 공동묘지에 무덤
마을을 만들어 무덤 안에서 생활합니다.

어린 나이에 학교는 꿈도 못 꾸고 자신의 몸보다 더 무거운 돌을 깨고 나르는 일을 해야 하는 아이들이 있습니다. 먹을 것이 없어서 진흙으로 쿠키를 만들어 먹으며 굶주림을 잊어야 하는 아이들의 힘겨운 하루가 있습니다.

그런데 언뜻 들여다본 사진 속의 아이들은 행복해 보였습니다. 매일의 삶이 너무나 즐겁고 행복한 평범한 아이들 같았습니다. 사진을 눈여겨보면 아이들이 뛰어노는 곳이 놀이터나 공터가 아닌 거대한 쓰레기산이라는 사실을 알 수 있습니다. 배를 깔고 엎드려 꼬깃꼬깃한 책을 보며 숙제하는 곳은 편안하고 안락한 거실이 아닌 누군가의 무덤 위입니다. 조그마한 화덕에서 고사리손으로 열심히 식사준비를 하는 곳은 깨끗하고 따뜻한 물이 콸콸 나오는 주방이 아니라 심한 악취가 나고 더러운 물이 흐르는 개천입니다.

그런 환경에서 밝게 웃는 아이들이 너무 궁금하고 만나고 싶었습니다. 이런 곳에서 어떻게 절망의 눈물이 아닌 희망의 웃음을 짓고 있는지 물어보고 싶어졌습니다.

오래전 제가 다니는 교회를 통해 방글라데시에 방문한 적이 있습니다. 그곳에서 일하는 선교사님을 뵙고 그곳의 사정을 다큐사진으로 담아 오겠다는 계획이었습니다.

방글라데시의 수도 다카에 도착했을 때 사뭇 떨리고 긴장되던 심정을 기억합니다. 저도 돈 맥컬린의 사진처럼 세계에서 손꼽히게 가난한 방글라데시 사람들이 가난과 질병에 고통받는 모습을 흑백필름에 애절하게 담을 수 있으리라 기대했습니다.

하지만 제 기대와 예상은 크게 빗나갔습니다.

실제로 거리에는 구걸하는 어른과 아이들이 넘쳐났고 노숙하는 사람들도 셀 수 없이 많았습니다.

하지만 그들의 얼굴에는 제가 상상하고 기대(?)했던 고통, 절망, 괴로움 등의 기색은 찾을 수 없었고 오히려 사람들이 푼돈을 적선해도 웃고, 심지어 주지 않아도 웃는 이상한 광경이 눈앞에 펼쳐졌습니다.

한센병을 앓는 사람이 저에게 구걸을 합니다. 무섭기도 하고 불쌍하기도 해서 돈을 조금 드렸습니다. 눈이 마주치고 서로 어색한 가운데 카메라를 슬며시 들어서 사진을 찍었습니다. 미소를 지으면서 포즈를 취해줍니다.

'어, 왜… 행복해 보이지?'

교회에서 운영하는 작은 초등학교를 방문했습니다. 아이들의 웃음소리가 끊이지 않고 들려옵니다.

배운 노래를 열심히 따라 부르고 큰 소리로 책을 읽고 흙과

먼지로 뒤덮인 꼬질꼬질한 맨발로 학교 운동장을 바람처럼 질주하며 공을 찹니다.

열심히 아이들을 쫓아다니며 사진을 찍자 한 무리의 아이들이 환한 미소로 포즈를 취하며 키득키득 웃습니다.

서로 자기를 찍으라고 저를 이리저리 잡아끕니다. 쳐다보는 선생님들도 환하게 웃습니다. 결국 성화에 못 이겨 한 아이의 집에까지 같이 가는 지경에 이릅니다. 아이들은 의기양양하게 앞장섭니다.

그런데 집까지 가는 길이 멀고 험난합니다.

구정물이 흐르고 쓰레기가 산처럼 쌓여 있는 길 아닌 길을 지나 악취가 심한 개울 옆에 다닥다닥 붙어 있는 판잣집 한 켠으로 저의 손을 이끌고 갑니다.

전 신발이 더러워질까 봐 전전긍긍하는데 아이들은 맨발로 잘도 걸어갑니다. 저러다 뾰족한 것에 찔리면 어쩌지….

갑자기 들이닥친 불청객에 엄마가 많이 놀랍니다. 하지만 이내 아이의 학교 선생님을 알아보고 최대한 예의를 갖춥니다.

거실 겸 침실 겸 공부방 겸 주방인 단칸방에 어른들과 아이들이 들어가니 집이 터져버리려고 합니다.

아이는 활짝 웃으며 자신의 너덜너덜한 책과 공책을 보여줍니다. 아이의 유일한 장난감으로 보이는 인형은 제가 사는 동네에서는 아무도 가지고 놀지 않을 만큼 낡고 해졌습니다.

좁은 방, 찌는 더위, 참기 힘든 냄새…

학교에서 받은 아이의 상장을 자랑스럽게 보여주는 엄마, 마냥 즐거운 아이…

그때 깨달았습니다.

내가 그들을 돕는 것이 아니라 오히려 배워야 할 것이 더 많다는 사실을 말입니다. 사진을 찍으며 흘러나오는 눈물을 땀인 척 훔쳐냅니다.

그 후 엘살바도르, 니카라과, 페루, 필리핀, 스리랑카, 케냐에 다녀왔습니다. 빈곤의 모습은 어느 나라나 크게 다르지 않습니다. 판자나 양철로 엉성하게 이어 붙여 집이라고 하기도 민망한 집, 장판도 카펫도 아닌 맨흙바닥, 몇 안 되는 가재도구, 쌓아놓은 잡동사니, 몹시 피곤해 보이는 엄마 또는 아빠 그리고 오랫동안 씻지 않아 냄새를 폴폴 풍기면서도 무엇이 좋은지 키득대며 까불거리는 아이들…

그곳에서 많은 아이들을 만났습니다. 씻지 않아 땟물이 얼굴을 덮고 있지만 한없이 투명하고 사랑스러운 눈빛을 지닌 아이들이었습니다.

아이들이 꿈을 말합니다. 의사가 되고 싶고, 경찰관이 되고 싶고, 선생님이 되고 싶고… 잘 먹고 잘 살고 싶은 꿈 하나만 가진 부끄러운 나를 발견합니다.

아이들과 함께 저도 새로운 꿈이 생겼습니다. 내 사진을 통해 더 많은 아이들이 도움을 받게 하겠다는 '희망의 꿈'입니다.

열정페이

싸고 좋은 물건을 반기지 않는 사람은 없겠지요.
하지만 물건이 좋은데
가격까지 저렴한 게 어떻게 가능할까요.
누군가의 땀과 눈물의 가치가 착취당한 건 아닐까요.
2012년 패스트패션Fast Fashion의
최대 생산지인 방글라데시에서 봉제공장 붕괴사고로
하루 임금 약 260원을 받으며 일하던
어린 생명 1100여 명이
피워보지도 못한 꽃다운 삶을 잃었습니다.
열정페이 따위 믿지 않습니다.
열정을 먹고 살 수는 없으니까요.
열심히 흘린 땀만큼 정당한 보수가 지불되는 세상은
나만의 꿈일까요.

You may say I am a dreamer
but I am not the only one
I hope someday you will join us
and the world will live as one…
- 존 레논, 'Imagine'

아빠와 딸

방글라데시를 시작으로 경제적으로 낙후된 여러 나라에서 촬영하며 그들의 어려운 삶을 접하게 되었습니다.

눈물 나게 처절한 삶의 단면도 여러 번 보다 보니 나도 모르는 사이에 '음, 그래도 여기는 지난번 갔던 곳보다는 어렵지 않네' 하며 그들의 삶을 내 멋대로 비교하고 동정심의 크기를 정해버렸습니다.

페루의 한 빈민촌을 방문했을 때의 일입니다.

예상보다 곤궁하지는 않은 모습이어서 먼 길을 왔는데 사진 찍을 거리가 별로 없다고 속으로 불평하며(?) 내려오던 길, 학교에서 돌아오는 어린 소녀와 아빠를 보고 별생각 없이 몇 컷 찍었습니다.

숙소로 돌아와 노트북에서 그날 사진들을 살펴보다가 우연히 찍은 그 사진을 보고 눈물이 핑 돌았습니다.

내가 사진에 담아내고자 했던 것은 사람이었지 상황이 아니었음을 오랜만에 다시 깨달았습니다.

그들이 쓰레기산에 살건 쓰러져가는 나무로 얼기설기 지은 집에서 살건 벽돌집에 살건 중요한 건 그게 아닙니다. 수업에서 돌아오는 사랑스러운 딸을 무등 태우고 재잘거리는 소리를 들으며, 지금은 어렵게 살지만 미래는 환하게 빛날 거라고 다시 한 번 기약해보는 아빠의 비장한 웃음에 진정한 삶의 의미가 담겨 있다는 사실을 잠시나마 잊고 있었습니다.

더 많은 장인들이
무대에 오르기를

　한 가지 일을 오랫동안 반복해서 하다 보면 그 분야에서는 남들보다 탁월한 능력을 갖게 되고 평범한 사람들과는 다른 경지에 오르게 되는데, 우리는 그런 사람을 장인Master이라 부릅니다.

　굳이 특별하거나 독특한 일이어야 하는 것도 아닙니다. 오랫동안 농기구 등을 만들어온 대장장이 장인, 카메라를 오랫동안 고쳐온 카메라 수리 장인, 대대로 초밥을 만들어온 초밥의 장인, 한평생 음악에 매진한 폴 매카트니 경 같은 음악의 장인 등 다양한 분야의 장인들이 있습니다.

　어떤 분야든 장인을 만난다는 것은 큰 즐거움입니다. 그들의 삶을 가까이에서 바라보면서 많은 것을 얻을 수 있기 때문입니다. 그분들이 어떤 태도로 그 길을 걸어왔는지, 그들의 삶의 이야기를 듣는 것만으로도 큰 배움이 될 수 있습니다.

한국은 외국보다는 장인에 대한 존경을 조금 늦게 깨닫게 된 듯합니다. 항상 새로운 것을 선호하는 사회 분위기 때문인지 거리에 오래된 상점이 그리 흔하지 않습니다. 영국에서 지내는 동안에는 오래된 양복점, 오래된 구둣가게와 모자가게, 오래된 펍 등을 흔히 볼 수 있었습니다. 그곳에서는 으레 그들만의 독특한 역사와 전통에 대한 자부심과 자긍심이 흠뻑 느껴집니다.

폴 경은 그중에서도 전 세계가 인정한 음악과 문화의 아이콘이자 살아 있는 전설이라 불리는 장인입니다.

저는 그런 장인과 지난 11년간 함께 일하며 믿기지 않을 만큼 다양한 경험을 했습니다.

폴 경의 월드투어를 촬영하며 미국, 캐나다, 멕시코, 브라질, 아르헨티나, 칠레, 콜롬비아, 에콰도르, 페루, 파라과이, 우루과이, 코스타리카, 푸에르토리코, 영국, 아일랜드, 프랑스, 이탈리아, 스위스, 독일, 폴란드, 러시아, 우크라이나, 핀란드, 스웨덴, 노르웨이, 덴마크, 네덜란드, 스페인, 포르투갈, 호주, 뉴질랜드, 일본, 한국 등을 방문했습니다.

2010년에는 오바마 대통령의 초청으로 백악관의 웨스트윙을 방문하여 미국 정계의 쟁쟁한 인물들을 만났고, 2012년에는 영국 여왕 즉위 60주년 다이아몬드 주빌리 기념행사에 참가하여 영국 왕실 가족을 보았습니다.

2012년 런던 올림픽 개회식이라는 역사적인 순간에 수억 명의 시청자들 앞에서 'Hey Jude'를 열창하는 폴 경을 촬영했고, 그래미 등 각종 시상식과 다양한 방송 및 공연에 참가했습니다. 폴 경이 아니었다면 언감생심 꿈도 꾸기 어려운 재미있고 신비한 경험들을 했습니다.

전 세계 어느 곳 어느 행사를 가든 폴 경이 나타나면 모든 사람들의 시선이 멈춥니다. 사랑과 관심, 존경의 눈빛이 쏟아집니다. 폴 경은 가급적 많은 사람들에게 인사를 합니다. 그들이 청소부이건 경호요원이건 유명인사이건 가리지 않고 손이 닿는 모든 이들과 악수를 하면서 인사를 나눕니다. 유명세를 의식하며 뻐기거나 우쭐대지 않습니다. 제가 본 11년간 변함이 없습니다. 진정한 장인의 모습입니다.

이처럼 크고 작은 경험 가운데 평생 잊지 못할 최고의 경험 하나를 꼽으라 한다면, 저는 1초도 주저하지 않고 2015년의 서울 공연을 꼽습니다.

폴 경은 대한민국 음악팬들의 열광적인 떼창을 여러 친구 뮤지션들에게 들어서 이미 알고 있었고, 처음 가보는 서울 공연을 무척 기대하고 있었습니다.

반면 저는 서울에 도착하기 직전 도쿄, 오사카, 후쿠오카 등의 공연에서 일본팬 특유의 광적인 환호와 가는 곳마다 그를 기다리며 밤을 새우는 수많은 인파를 목격한 터여서 서울의 팬들과 일본의 팬들이 비교되면 어떡하나 내심 걱정했습니다. 안타깝게도 한국에서는 공중파 TV 음악방송이 손에 꼽을 정도밖에 안 되고, 그나마도 아이돌 위주로 제작되기에 저는 젊은 친구들이 비틀즈나 폴 매카트니를 알지 못하거나, 설령 안다 해도 크게 관심이 없을 거라 생각했습니다.

하지만 제 걱정은 기분 좋게 빗나갔습니다. 일본 공연을 마치고 폴 경보다 먼저 김포공항에 도착했는데 너무나 많은 이들이 입국장을 가득 메우고 수많은 포스터를 든 채 폴 경을 기다리고 있었습니다. 그중에는 교복을 입은 앳된 여학생들도 있었는데, 그 모습이 너무 귀엽고 신기해서 "너희들, 폴 매카트니를 알아?" 하고 묻자 "그럼요~!", "너무 귀여워요~!"를 외치며 손에 들고 있는 비틀즈와 폴 경의 〈Abbey Road〉, 〈The White Album〉, 〈New〉 등 각종 앨범을 흔들어 보였습니다.

70대의 나이에도 어린 소녀들에게 귀엽다는 이야기를 들을 수 있는 폴 경의 매력은 대체 어디서 나올까요?

그렇게 성대한 환영 속에 폴 경은 처음으로 한국 땅을 밟았고, 푸르고 푸르던 2015년 5월 2일, 그의 생애 첫 번째 서울 공연은 대한민국 팬들의 미치도록 거대한 함성과 함께 성대하고 아름답게 시작되었습니다.

2014년 서울 공연이 폴 경의 갑작스런 건강 악화로 한 번 취소되었던 터라 오랫동안 그를 기다렸던 관객들은 더욱 뜨겁고 열정적으로 폴 경을 환영했습니다.

제가 한국인의 음악 취향을 잘 몰랐던 것 같습니다. 관객 대부분이 40대 이상이겠거니 생각했는데, 파릇파릇한 청춘부터 나이 지긋하신 백발의 신사숙녀까지 다양한 연령층의 관객 4만 5000여 명이 잠실 올림픽경기장을 가득 메웠습니다.

그날 폴 경은 나이는 숫자에 불과하다는 사실을 장장 3시간의 열정적인 공연으로 직접 확인시켜 주었습니다.

어느 뮤지션도 2시간 이상의 공연은 좀처럼 하지 않습니다. 체력적, 경제적 또는 공연 레퍼토리 등 여러 가지 이유가 있겠지요. 하지만 폴 경은 거의 3시간 동안 휴식 한 번 없이 통기타, 전자기타, 우쿨렐레, 피아노, 키보드 등을 연신 바꿔가며 연주하면서 쉬지 않고 노래합니다. 물론 중간중간에 그 나라에 도착하여 배운 현지어로 인사말과 가벼운 농담을 하는 것 또한 잊지 않고 말입니다. 더구나 공연 당일에는 공연만 있는 게 아닙니다. 공연 전에 약 1시간가량 리허설을 합니다. 결국 4시간가량을 연주하고 노래하는 겁니다.

그가 공연을 2시간으로 줄여도 아무도 불평하지 않을 겁니다. 2시간도 공연하지 않는 뮤지션들도 많기 때문입니다. 그런데도 폴 경은 자신의 음악을 들으러 와준 관객들에게 최대한 많은 곡을 들려주고 싶어 합니다. 자신이 할 수 있는 최선을 다합니다. 부유한 나라건 가난한 나라건 차별 없이 그 나라의 언어를 익혀가며 열심히 공연에 임합니다.

그는 자신의 일을 진심으로 사랑하고 자신의 음악을 들어주는 사람들에게 고마워합니다. 결코 당연하다고 생각하지 않습니다. 그 진실함이 77세의 폴 경을 지탱하는 힘이라고 생각합니다.

그가 공연과 음악을 단순한 돈벌이로만 여겼다면 지금처럼 오랫동안 대중의 사랑과 환호를 받을 수 있었을까요?

폴 경이 공연하러 가면 대개 그곳의 가장 영향력 있는 사람들(예를 들면 그 나라의 대통령)이 만남을 요청합니다. 평판 좋은 분들이라면 폴 경은 공연 전에 1~2분가량 시간을 내서 잠시 인사를 나누기도 합니다. 하지만 폴 경이 후원하는 'Make A Wish Foundation(불치병에 걸린 아이들의 소원을 들어주는 자선단체)'에서 아픈 아이가 만나러 오면 그는 자신의 드레스룸에 아이의 가족 모두를 초대해 10분 정도 시간을 보내며 기타 치는 법을 가르쳐주고 함께 노래도 불러가며 아이가 평생 잊지 못할 추억을 선사합니다. 그는 영향력 있는 사람을 만나는 것보다 아픈 아이를 만나 위로하고 희망을 주는 것을 더 소중히 여깁니다.

우여곡절 끝에 서울 무대에 서게 된 폴 매카트니, 그는 빗속에서도 우비를 쓴 채 열정적으로 공연을 즐기는 한국 관객의 모습에 감격하여 공연 내내 너무 좋다는 감탄사를 연발했습니다. 그리고 공연의 하이라이트 'Hey Jude'의 떼창… 그날 폴 경은 엄청난 사랑을 보여준 관객들에게 진심으로 고마워하고 감동했습니다. 다음 날 한국의 매스컴은 일제히 폴 경의 넘치는 열정과 나이를 잊은 신들린 공연을 칭송했습니다.

공연이 끝나면 숙소로 돌아와 저희끼리 조그만 뒤풀이 파티를 합니다. 환상적인 서울 공연 후에 모두들 기분이 한껏 부풀어 오른 파티에서 폴 경에게 한마디 드렸습니다.

"이제 한국 관객이 당신의 참된 음악을 맛보았습니다. 앞으로 더 많은 사람들이 당신이 이곳에 와주길 바랄 텐데 어쩌지요?"

"MJ, 그래서 내가 'See you next time'이라고 한 거야! 이 열정적인 나라에 꼭 다시 올 거야!!"

그렇게 서울 공연의 마법 같은 시간은 지나갔습니다. 1988년 올림픽 경기장에서 열리던 서울올림픽 개막식을 떨리는 마음을 안고 TV로 지켜보던 소년이 세월이 흘러 폴 매카트니 경과 함께 그 올림픽 경기장을 휘저으며 대한민국 음악 역사의 귀중한 순간을 사진으로 기록했습니다.

한국에서 대중매체를 통해 접할 수 있는 음악은 대부분 아이돌 음악이어서 전 한국사람들이 록이나 발라드, 이디 등 다른 장르의 음악에는 관심이 없는 줄로만 알았는데 그게 아니었습니다. 지금 대중매체는 청취자들이 원하는 음악을 전송하는 것이 아니라 경제적 이윤을 가장 많이 창출하는 종류의 음악만을 보여주는 듯합니다. 그러니 많은 음악애호가들이 다양한 장르에 더욱 목말라하는 것입니다.

우리나라에도 다양한 음악의 장인들이 계십니다. 하지만 그분들을 TV에서 만나는 일이 점점 힘들어지고 있습니다. 트로트, 발라드, 록 등 평생을 음악에 헌신한 분들이 설 곳이 없다는 것은 참 가슴 아프고 슬픈 현실입니다.

대한민국은 제자리에 머물러 있지 않고 항상 새로움을 추구하며 미래를 향해 발전하려는 뜨거운 열정을 품고 있습니다.

하지만 가끔은 너무 새로운 것만 추구하는 바람에 우리가 이미 이루어놓은 의미 있고 소중한 것들에 대한 감사와 존경을 잊고 사는 것은 아닌가 싶습니다.

TV에서 전인권, 시나위, 부활, 주현미, 나훈아, 이은미, 이승환, 이승철, 이문세, 김장훈 등 다양한 가수의 음악을 보고 들을 수 있고, 그들의 콘서트를 보기 위해 수만 명의 관객이 줄 서서 기다리는 모습을 상상해 봅니다.

그런 의미에서 폴 경의 서울 공연은 장인의 아름다운 가치를 다시 되새기게 해준 뜻깊은 시간이었습니다.

Meat Free Monday

폴 매카트니의 가족은 모두 채식주의자_{vegetarian}입니다. 이유는 단순합니다. 동물을 사랑하기 때문입니다.

폴 경의 막내딸 스텔라 매카트니는 세계적인 패션 디자이너로 성공했는데, 자신의 패션라인에도 동물의 가죽이나 털을 절대 사용하지 않고 인조가죽과 인조털만 사용합니다.

동물들도 이 아름다운 지구에서 함께 평화롭고 즐겁게 살아가야 하는 또 다른 이웃이기 때문입니다.

나의 먹거리와 입을거리를 마련하기 위해 우리는 그 이웃들에게 몹쓸 짓을 합니다.

오염되는 바다와 땅, 공기는 모두 우리 인간들이 지구에게 저지르는 참혹한 범죄입니다.

Meat Free Monday?
모든 사람이 채식주의자가 될 수는 없지만
적어도 일주일에 하루 고기를 먹지 말자는 운동입니다.

우리 후손에게 아름답고 깨끗한 자연을 물려주고 싶은 마음은 모든 이들의 소망일 겁니다.

그런데 인간이 돈벌이를 위해 사육하는 동물들에서 나오는 폐수와 가스가 전 세계 자동차, 비행기, 기차가 내뿜는 환경오염보다 심각하다고 합니다.

그래서 폴 매카트니는 'Meat Free Monday'라는 운동을 시작했습니다.

모든 사람이 채식주의자가 될 수는 없지만 적어도 일주일에 하루 월요일에는 고기를 먹지 말자는 운동입니다. 많은 사람들이 이렇게 일주일에 하루만 동참해도 큰 변화가 일어날 수 있다고 합니다.

저도 채식주의자는 아닙니다. 고기를 많이 좋아합니다.

하지만 일주일에 하루 월요일에는 고기를 먹지 않으려고 온 가족이 노력하고 있습니다. 지구를 위해, 우리 후손을 위해, 그리고 우리 스스로의 건강을 위해서입니다.

늦깎이 학생이 되어
배운 것

영국에서 어렵사리 대학에 진학했지만 한국에 불어닥친 외환위기 영향으로 중도에 학업을 포기해야 했습니다. 살아남기 위해 임시방편으로 시작한 사진 아르바이트가 직업이 되었고, 기대하거나 예상하지 못했던 사진가의 삶을 살다가 과연 사진을 찍는 행위는 어떤 의미이고 앞으로 어떤 사진을 어떻게 찍으며 살아가야 할 것인지를 진지하게 고민하게 되었습니다.

여러 가지 생각을 하던 끝에 고민을 해결하는 가장 좋은 방법은 사진을 공부하는 일이라 생각해, 끝마치지 못한 학교에 돌아가기로 결정했습니다.

관심 있는 대학원의 입학자격 요건을 알아보니, 대학과정을 이수했거나 대학과정을 갈음할 만한 사진경력이 있으면 지원이

가능하다고 했습니다. 대학을 마치지 못한 저는 전자엔 해당사항이 없었지만, 다행히 사진가로서 수년 동안 쌓은 다양한 경험과 경력이 있었습니다. 영국 언론계에서 사진기자로 시작해서 스파이스걸스의 투어 포토그래퍼로 활동했고 빅토리아 베컴, 슈퍼모델 클라우디아 쉬퍼 등의 클라이언트가 있었으며 폴 매카트니의 전속 사진가로 사진을 찍었습니다. 그래서 어느 정도 자신감과 확신을 가지고 그동안 작업한 사진들과 자기소개서를 준비해서 런던 패션대학London College of Fashion 대학원의 패션사진학과 과정을 지원했습니다.

그러나 결과는 전혀 예상하지 못했던 '낙방REJECT'이었습니다. 제가 가지고 있던 포트폴리오와 패션사진학과에서 원하는 포트폴리오에 차이가 있다는 것을 어느 정도 느끼면서도 '그래도 나 정도면' 하는 자만이 있었던 겁니다.

다음 해에는 더 많은 패션사진을 찍고 더 열심히 준비했습니다. 하지만 다시 'REJECT', 포기하지 않고 그다음 해에 포트폴리오를 새롭게 만들어서 또 도전해 결국 삼수 끝에 합격의 기쁨을 맛보았습니다. 대학 졸업장 없이 대학원에 진학한, 영국에서도 그리 흔하지 않은 대학원생이 되었습니다.

사실 대학원을 나온다고 해서 더 많은 사진 테크닉을 배우게 되는 것도 아니고, 곧바로 클라이언트가 늘어나 경제적으로 윤택해지는 것도 아니었습니다. 그 대신 조금 더 근본적인 이유,

즉 사진을 찍는 의미와 '어떤 사진을 아름답다고 할 수 있는가'를 궁금해하던 제게 대학원 과정은 그런 질문들을 던지고 연구하고 발전시킬 수 있는 좋은 시간이었습니다.

실제로 제가 대학원에서 얻은 가장 큰 배움은 사진기술이나 사진을 멋있게 찍는 방법 등은 아니었습니다. 표현하고자 하는 제 생각을 자료와 정보를 수집하고 연구해서 실제 이미지로 만드는, 즉 촬영 전 촬영 준비를 하는 방법이었습니다.

그때까지의 촬영 준비라고는 다양한 패션잡지들을 보면서 예뻐 보이는 혹은 멋있어 보이는 사진들을 적당히 혼합해서 저의 색깔을 내려고 노력하는 것이었습니다. 여기저기서 얼굴, 팔, 다리, 몸통 등을 떼어와 서로 전혀 어울리지 않는 프랑켄슈타인을 만들어놓고 혼자 좋아했던 것입니다.

대학원에서 새롭게 배운 촬영 준비 과정은 이런 겁니다. 가장 먼저 내가 사진을 통해 표현하고자 하는 주제를 정합니다. 내 사진을 보는 독자들에게 전달하고 싶은 메시지가 주제에 녹아 있어야 하기 때문에 주제 선정은 매우 중요합니다. 그리고 선정한 주제에 맞는 비주얼 참고자료를 수집합니다. 사진뿐 아니라 그림, 조각, 건축, 패션 등 다양한 분야와 다양한 시대에서 영감을 얻을 수 있습니다.

그런 다음 수집한 자료들을 연구하고 분석해서 내가 창조하

패션영혼으로 부활 시리즈1-1Resurrection with Fashion Soul Series 1-1

고자 하는 이미지를 만들어갑니다.

제 대학원 졸업작품인 〈패션영혼으로 부활〉의 주제는 죽음과 부활이었습니다.

대학원에 다닐 때 두 살배기 귀여운 딸의 귓속에서 작은 종양이 발견돼 집이 난리가 났습니다. 다행히 수술 후 모든 것이 좋아졌지만 삶과 죽음에 대해 심각하게 생각하게 만든 사건이었고, 그 고통의 시간이 졸업작품의 모티브가 되었습니다.

죽음이 끝이 아닌 새로운 시작, 즉 창조주에게로 돌아가는 부활이라고 믿고 있던 저는 죽음 후에는 어떤 모습으로 부활할까 질문을 던졌고, '패션과 함께하는 부활'이라는 주제로 졸업작품을 만들었습니다. 이 주제를 위해 기독교의 부활에 관한 자료와 영화, 1940년대 미국 뉴욕에서 활동한 다큐멘터리 사진가 위지 Weegee의 살인사건 현장 사진, 1928년 프랑스에서 태어난 패션 사진작가 기 부르댕Guy Bourdin의 죽음을 표현한 패션사진, 그리고 뉴욕 출신 사진가 멜라니 풀렌Melanie Pullen의 〈하이패션 크라임 신High Fashion Crime Scene〉 등을 찾아 공부하고 연구했습니다.

대학원에서 배운 것들은 지금까지도 저의 사진인생에 좋은 영향을 주고 있습니다.

단순히 눈에만 아름다운 사진이 아니라, 눈으로 보고 가슴으로 느끼고 머리로 생각하게 하는 사진을 만들기 위해 오늘도 부단히 노력하고 있으니 말입니다.

걸으면서
사진을 찍고 있습니다

걷는 것을 좋아하지 않았습니다. 좀 더 솔직히 말하자면 걷는 것을 싫어했습니다.

20대 초반에 자가용이 생긴 이래 짧은 거리도 차를 타고 다니는 생활습관이 몸에 배어버렸습니다. 영국에서도 운전을 했고, 땅덩어리가 어마어마한 사이즈인 미국에서는 운전이 필수였습니다. 한국에 돌아와서도 운전을 하고 다녔습니다. 걷는다는 것은 아예 저의 뇌 속에 존재하지 않는 듯했습니다.

그러다 2018년 말에 폴 경의 보디가드로부터 하루에 두 시간 정도씩 그냥 걷기만 해도 살이 빠진다는 얘기를 듣고 '그럼 한 번 걸어볼까' 하는 마음이 조금 생겼고, 우연한 기회에 《걷는 사람, 하정우》라는 책을 읽게 되었습니다. 그 책은 제목처럼 정말 걷는 이야기로 가득했습니다.

'하정우 같은 훌륭한 배우도 걸어다니는데 그럼 나도 한번 해볼까?'

그게 시작이었습니다. 제 삶은 한순간에 손바닥 뒤집듯이 너무나 쉽게 변해버렸습니다.

남산 근처에 사는 지리적 이점을 활용해 우선 남산을 걸어보았고 그 후에는 재미있고 흥미로운 볼거리가 많은 이태원을 걸었습니다. 평생 해본 적 없는 '걸어서 한강 건너기'에 도전해서 이제 동호대교와 한남대교는 집 앞 개울 다리 건너듯 손쉽게 횡단합니다.

그렇게 걸어다니기 시작하니 건강도 건강이지만 더 중요하고 엄청난 사실을 깨달았습니다. 서울이 너무나도 아름답다는 것입니다.

골목에 숨어 있는 작고 예쁜 가게들, 아직도 기와를 얹고 있는 오래된 한옥들, 나지막한 언덕, 힘차게 올라가야 하는 많은 계단, 크고 작은 공원들, 런던의 템스 강이나 파리의 세느 강과는 비교도 안 되는 웅장하고 묵직한 한강, 들꽃, 나무들…

차를 타고 슝슝 지나다닐 때에는 결코 알 수 없었던 아름다움을 발견하기 시작했습니다.

그 아름다움은 수십 수백 수천 년 동안 그곳에 있었습니다.

단지 내가 볼 준비가 되어 있지 않았을 뿐입니다.

길거리 사진을 찍지 않은 지 오래되었습니다. 그 이유와 핑계를 그동안 전혀 다른 곳에서 찾고 있었습니다.

하지만 길거리 사진을 안 찍었던 이유는 제가 길 위에 있지 않았기 때문이었다는 것을 알았습니다. 전 바퀴 달린 네모난 철제 상자에 올라타서 이곳에서 저곳으로 이동했을 뿐 이 거리에 무엇이 있고 어떤 일이 일어나고 있는지 전혀 관심이 없었습니다.

앙리 카르티에 브레송Henri Cartier Bresson이 만일 항상 차를 타고 이동하는 사람이었으면 그렇게 훌륭한 길거리 사진작품들을 찍을 수 있었을까요?

길을 걸을 때 작은 카메라를 하나 가지고 걷기 시작했습니다. 거창한 풍경이나 탄성이 절로 나오는 광경이 아니어도 그저 걷다가 보이는 모습들을 광경을 사진으로 찍습니다. '에이, 이게 사진감이 되나' 하는 사진들 말입니다.

인생에 큰 방점을 찍을 만한 일은 자주 일어나지 않습니다. '이게 무슨 중요한 일이라고…' 하는 것들이 쌓이고 쌓여 삶이 만들어집니다. 그런 소소한 일상의 연속이 바로 인생인 것 같습니다.

40대 중반을 넘어보니 지나온 하루하루가 눈에 밟힙니다. 신기하게도 두고두고 기억에 남을 큰 사건이라 생각했던 일보다는 아주 소소했던 일들이 사진처럼 기억에 남아 있습니다.

단칸방에 살던 아주 어린 시절, 아버지가 퇴근길에 사오신 군고구마를 온가족이 다정하게 호호 불어가며 까먹던 그 순간이 아직도 왜 이렇게 생생할까요.

그런 사진을 찍으려고 합니다. 화려하고 폼 나는 붉은 노을이 아니라 평범한 일상의 하늘 같은, 고급 갈빗집에서 자랑하듯 흘러넘치는 갈비냄새가 아니라 친구들과 뛰어놀다 지쳐 집에 돌아올 때 아련히 풍기는 엄마의 고소한 밥 짓는 냄새 같은, 그런 사진 말입니다.

다음번에는 여러분을 그런 소소하고 고소한 사진전으로 초대하겠습니다.

내 삶도 어쩌면
필름사진처럼

저는 런던에서 방송영화학을 잠시 공부했습니다. 영화과의 특성상 다른 학생들과 함께해야 하는 프로젝트가 많았는데, 저의 말도 안 되는 영어 실력 때문에 학점은 곤두박질의 연속이었습니다.

부족한 학점을 보충하기 위해 전전긍긍하던 중 사진에 빠져들었습니다. 팀 프로젝트에 지쳐 있던 제게 혼자 할 수 있는 사진작업의 매력은 너무나 크게 다가왔습니다. 정식 수업보다는 한국에서 사온 여러 가지 사진책으로 지금까지 알고 있는 얄팍하지만 꽤 중요한 지식의 대부분을 습득했습니다. 태어나서 처음으로 공부라는 것을 정말 재미있게 했습니다. 사진에 관한 책을 보는 건 공부보다는 재미있는 장난감 사용설명서를 보는 기분이었다고 할까요. 필름 감도, 셔터 스피드, 조리개, 피사계 심도, 암실 사용법 등 사진의 중요한 기초지식을 스펀지가 물을 흡수하듯 빨아들였습니다.

이렇게 얘기하니 뭐 대단한 지식이라도 되는 듯한데 사실 기본원리만 이해하면 무지 간단한 내용입니다. 하지만 디지털 카메라 또는 폰 카메라를 사용하시는 분들도 알아두면 좋을 아주 중요한 내용이기도 합니다.

디지털카메라 혁명 이후, 사진을 좋아하는 사람이 필름 카메라 vs 디지털 카메라로 열띤 논쟁을 벌이는 경우를 자주 보았습니다.

과연 둘 중 어느 것이 더 우월할까요? 의외로 답은 쉽습니다.

우리가 갤러리나 박물관에서 명화를 감상할 때 그림을 그 자체로 즐기지 '이 화가는 어떤 물감에 어떤 붓을 사용했나' 같은 질문은 하지 않습니다.

사진도 같은 개념이라고 생각합니다.

이 사진을 필름으로 찍었든 디지털로 찍었든 그것은 작가가 붓이나 물감을 선택하듯 자신에게 맞는 도구를 선택했을 뿐이고, 우리는 도구가 아닌 결과물을 감상하고 즐기면 되겠지요.

물론 기술적인 부분에 관심을 갖고 연구하는 분들도 계시겠지만, 일반적인 관객의 입장에서 바라보면 그렇다는 얘깁니다.

필름 카메라나 디지털 카메라나 렌즈에 통과시킨 빛을 필름 면 또는 센서표면에 감광시킨다는 기본원리는 같습니다.

그렇다면 다른 점은 무엇일까요?

두 종류의 카메라는 사용 전 제일 먼저 체크해야 하는 기본적 인 사항이 조금 다릅니다.

디지털카메라는 배터리 충전 상태와 메모리 카드의 여유 저 장공간이 가장 중요합니다. 너무 당연한 말이라 할지 모르지만, 사진기자 시절 촬영을 나갔다가 텅 빈 메모리 카드 슬롯과 충전 기에 꽂아두고 나온 배터리 슬롯을 보고 심장이 바닥으로 떨어 졌던 적이 몇 번 있었습니다.

여러분도 그런 경험을 간혹 해보셨겠죠? 너무나 아름답고 황 홀한 풍경 혹은 연인의 아름답고 멋진 모습을 뜻하지 않게 발견 하고 재빨리 카메라나 폰카메라를 꺼내 들었는데 아래와 같은 상황으로

또는

Low Battery

좌절했던 경험 말이죠.

하지만 필름 카메라의 경우는 조금 다릅니다.

카메라의 특성상 한 번 삽입한 배터리는 (정확한 주기는 모르지만 하여튼) 꽤 오래가고, 메모리 공간이라 할 수 있는 필름은 쉽게 깜빡할 수 있는 부품이 아닙니다.

물론 그럼에도 배터리가 소진되어 카메라가 작동하지 않을 수도 있고 필름을 장전하지 않은 빈 카메라만 내 손에 있을 수도 있지만요.

필름 카메라가 일반적이던 시절에는 사진을 찍으려면 먼저 오래된 장롱카메라(과거에는 꽤 고가에 속했던 카메라를 장롱 깊숙이 보관하곤 했습니다)를 꺼내고, 컬러로 찍을지 흑백으로 찍을지 결정하고, 슬라이드 필름과 네거티브 필름 중에서 다시 한 번 고른 후, 여러 가지 감도(100, 200, 400, 800, 1600, 3200 등) 가운데 그날의 촬영 환경(해가 떴는지 구름이 꼈는지, 실내인지 야외인지 등)이나 표현하고 싶은 사진의 입자 정도를 고려해 최종적으로 필름을 선택했습니다.

하지만 이렇게 복잡한 필름 선택 과정은 디지털 카메라에서는 화면 속 옵션을 몇 번 터치하는 손쉬운 방법으로 대체되었습니다.

필름카메라에는 변수가 많습니다. 심혈을 기울여 선택한 필름이 오히려 상황에 맞지 않을 수도 있고, 미처 체크하지 못했더니 필름의 유통기한이 훨씬 지나버렸을 수도 있고(필름은 유통기한이 있답니다!) 또는 정성 들여 찍은 필름을 카메라에서 꺼내다가 빛이 새어들어 망치는 경우도 있습니다.

폴라로이드로 촬영하지 않은 이상 찍은 사진을 바로 볼 수 없으니 사진관에서 사진을 받아볼 때까지 두근두근 마음을 졸이며 기다렸는데 기대했던 인생샷은커녕 형체도 알아볼 수 없이 희끄무레하거나, 모두들 축하하는 가운데 정작 생일케이크를 들고 있는 주인공만 눈을 감고 있는 미안한 사진들을 보기도 합니다.

반대로 무슨 사진을 찍었는지조차 기억나지 않고 당연히 기대하지도 않았는데 훌륭한 사진이 나왔을 때는 마치 멋진 사진가가 된 듯한 뿌듯함을 느끼게 되고, 때로는 새어들어온 빛 한줄기의 실수가 오히려 사진에 쿨하고 묘한 멋을 더하기도 합니다.

요즘 많이들 이야기하는 '가성비'를 한번 생각해볼까요?

디지털은 가성비 최고입니다. 초기에 한 번 잘 투자해놓으면 필름 구입 비용도 필요 없고 필름을 사진관에 보내야 하는 비용도 없습니다.

마음에 드는 사진을 건질 때까지 지우고 찍고 다시 지우고 찍고를 손가락이 지칠 때까지 반복해도 전혀 돈이 들지 않습니다. 찍은 사진을 바로 볼 수 있으니 눈 감은 사진이 있으면 지우고 바로 다시 찍으면 됩니다. 포즈가 마음에 들지 않거나 어색한 사진도 바로 지워버리면 됩니다.

지난밤 과음으로 턱까지 내려앉은 다크서클이나 칙칙하고 잡티 많은 얼굴도 금방 뽀얀 아기 피부로 탈바꿈할 수 있습니다. 다리는 최대한 길게, 얼굴은 가능한 한 작게 등의 마법 같은 기능들이 버튼 몇 번 누르는 정도의 수고로 실현됩니다.

'사진빨'이라는 표현은 이제 '뽀샵빨'이라는 표현으로 바뀌었습니다. 그렇게 우리는 스스로를 다른 모습으로 바꾸어 버리는 데 익숙해졌습니다.

반면 필름은 비싸고 불편합니다. 가성비 면에서 완전 루저입니다. 필름 소비가 엄청나게 줄어든 탓에 가격이 더 비싸져서 36장짜리 필름 한 통을 구입하려면 여러 번 망설이게 됩니다.

거기서 끝이 아닙니다. 결과를 바로 볼 수 없는 것은 물론이고 비싼 돈을 내고 사진관에 현상과 인화를 맡겨야 합니다. 필름이 주는 마법을 기대하면서 말입니다.

하지만 그런 마법은 디지털 세상에나 존재하는 듯합니다.

분명히 찍을 때는 눈앞의 멋진 풍경에 흥분하고 살짝 감동까지 하면서 셔터를 눌렀는데, 거금을 치르고 나에게 돌아온 사진들은… 버려야 할 게 더 많습니다.

생일케이크를 들고 눈을 감은 주인공에게 "다시 찍자"고 할 수는 없습니다. 이미 파티는 일주일 전에 끝났고 사진 한 장 찍겠다고 생일파티를 다시 열어줄 수도 없습니다.

살짝 얼굴을 붉히며 그냥 그 사진을 주는 수밖에요. 물론 친구에게 욕은 좀 먹겠죠….

그렇게 불편하고 비싸고 까다로운 필름을 전 좋아합니다. 심지어 조금은 가슴 떨리는 사랑의 감정마저 느낍니다. 크고 작은 실수의 연속으로 만들어진 내 삶이, 잘못 나왔다고 간단히 지워버릴 수 없는 필름사진과 너무 닮았기 때문인 것 같습니다.

흰머리, 주름, 잡티, 여드름을 짜고 난 흔적, 나이와 함께 더욱 출렁거리는 뱃살… 디지털 세계에서는 쉽게 감출 수 있는 것들이 필름으로 찍어놓으면 그대로 드러납니다.

뜻하지 않은 말실수로 사랑하는 사람의 마음에 상처를 냅니다. 사소한 거짓말 때문에 친구와 사이가 멀어집니다. 지키지 못한 작은 약속으로 아이가 삐칩니다.

이런 실수들을 'Delete' 버튼으로 간단히 지우고 아무 일도 없었던 것처럼 "자, 다시 하자"고 할 수는 없습니다.

실수들이 우리를 가르칩니다. 큰 상처는 크게, 작은 상처는 작게… 내가 하지 말아야 할 말, 행동, 생각, 태도 등을 알게 해줍니다.

그 실수들이 모여서 나를 이룹니다.

화려함과 잘난 척으로 포장된 인스타그램의 내 모습은 나의 실체가 아닙니다.

인생에서 도려내고 싶은 아픈 순간들, 부끄러웠던 젊은 시절의 모습들, 나이 들어서도 여전히 저지르는 나만 아는 후회 가득한 사건들…

없었으면 좋겠지만 없어서는 안 되는 창피하고 아픈 과거들이 나를 강하게 만들었습니다. 10대의 방황, 20대의 패기 넘치는 실수, 30대의 이기심, 40대의 자만… 이 모든 실수와 오점마저 지금 나를 이루는 한 부분입니다.

화려한 디지털과 투박한 아날로그의 적당한 조합…

저는 필름카메라와 디지털카메라를 함께 사용합니다.

"두 번째 결혼이라서
정말 다행이야"

미국에 살고 있는 젊은 연인이 있습니다. 영화 〈라라랜드〉로
오스카 여우주연상을 수상한 배우 엠마 스톤의 절친입니다.

어느 날 그녀에게 남자친구가 깜짝 유럽여행을 제안했고, 여
행 중에 몰래 감춰온 결혼반지를 내밀며 로맨틱한 청혼을 했습
니다. 그리고 런던의 엠마 스톤 집에서 신랑, 신부, 하객 4명의 아
주 작고 예쁜 결혼식을 올렸고 저도 사진가로 초대받았습니다.

작은 결혼식이지만 구제품스토어에서 드레스와 정장을 찾아
나름대로 갖춰 입고 예쁜 부케도 준비하고 페이스타임으로 미
국에 있는 양가의 부모, 친구들에게 실시간 중계도 했습니다.

예식 시간이 다가오자 남자친구는 샴페인을 연신 마셔가며
자꾸 심호흡을 합니다. 아무리 결혼식 규모가 작다지만 인생의

가장 중요한 순간이어서 많이 긴장한 듯합니다.

그 친구가 제게 이런 말을 합니다.

"난 결혼이 처음이어서 도대체 뭘 해야 하는지 아무것도 모르겠고 머릿속이 자꾸만 하얘져, 그런데 여자친구는 두 번째 결혼이라 뭘 해야 하는지 많은 걸 알고 있어서 정말 다행이야!"

그 말을 듣는데 왜 제 눈가가 촉촉해질까요…

아, 이게 사랑이라는 거구나. 상대방의 과거에 얽매이지 않고 그냥 이 사람의 현재가 가장 소중한…

제가 사진으로 남긴 결혼식 중 가장 작지만 가장 아름다운 결혼식입니다. 사진을 찍는 내내 모든 사람의 얼굴에 환한 미소와 행복한 웃음이 끊이지 않습니다. 사랑스러운 신부를 바라보는 남편의 진심이 카메라에 담깁니다.

이 아름답고 소중한 새내기 부부의 백년해로를 진심으로 기원합니다.

방탄소년단

나도 모르는 사이 나이가 한 살 한 살
눈송이처럼 쌓여가더니 인기 아이돌 그룹의 멤버도
잘 모르는 아저씨 나이가 되어버렸습니다.
하지만 자랑스러운 BTS의 이름은 모두 알고 있습니다.
모 면세점의 광고모델인 그들과 지난 수년간
몇 차례 광고 촬영을 한 적이 있습니다.
BTS는 언제나 변함없이 좋은 매너로
촬영에 임해서 그들과의 촬영은 언제나
즐겁고 신나는 시간이었습니다.
가장 최근 촬영은 눈코 뜰 새 없이
바쁜 일정을 소화해야 하는 그들의 스케줄 때문에
TV CF광고와 지면광고를 같은 날 진행해야 했습니다.
이른 새벽부터 시작한 촬영은 밤 9시가 다 되어서야
겨우 끝났습니다. 그들은 그 뒤로도 몇 시간 동안
CF광고를 더 찍어야 했습니다.

마지막 셔터를 누르고 BTS와 함께 기쁨의 박수를
치며 저와의 촬영이 끝났음을 알렸습니다.
그리고 전 어느 연예인이나 모델에게서도
듣지 못했던 말을 그들에게서 들었습니다.

"실장님, 늦은 밤까지 활기찬 웃음을 잃지 않고
촬영하시느라 수고 많이 하셨습니다."

사람을 살리기도 하고 죽이기도 하는
한마디 말의 힘입니다.
그들의 작은 배려는 큰 울림으로 저를 감동시켰고
전 그날 BTS의 넘버원 아저씨 팬이 되었습니다.

겸손함이 만드는 아름다움,
조니 뎁

조니 뎁과 촬영할 기회가 있었습니다.

어릴 적부터 너무나 좋아하던 배우라 무척 떨렸습니다.

자꾸 사진가가 아닌 팬의 눈으로 보게 되어서, 어메이징한 배우에게 무엇을 어떻게 요구해야 할지 입이 바싹 마르고 머릿속이 복잡해졌습니다.

애끓는 속내를 읽었는지 갑자기 조니 뎁이 이렇게 말합니다.

"MJ, 내가 뭘 어떻게 하면 좋을지 말만 해, 네가 하라는 대로 다 할게."

훌륭한 자질뿐만 아니라 아름다운 겸손함 또한 그 사람을 오랫동안 배우라는 자리에 머무르게 하는 것 같습니다.

내 인생의
사진전을 연다면

큰 사진전을 열고 싶습니다.

여행사진, 연예인 사진, 광고사진, 가족사진, 휴대폰으로 찍은 사진, 필름사진 등 그동안 제 삶에서 찍은 모든 사진들을 한 장 한 장 정성껏 골라 정말 멋진 사진전을 열고 싶습니다.

전 세계 최고의 갤러리에서 수많은 가족, 친구, 지인들과 여러 신문, 잡지, 방송매체들을 모두 초대해서 큰 박수갈채를 받으며 '저 그동안 이렇게 열심히 잘 살았습니다' 하고 제가 담은 삶의 흔적들을 마음껏 자랑하고 싶은 간절한 욕망이 있습니다.

최고의 DJ가 뿜어내는 흥겨운 음악이 전시장을 가득 메우고 멋진 조명이 각각의 사진 위로 아름답게 비치며 향기 좋은 레드 와인과 기분 좋은 샴페인을 즐기는 많은 관객들이 제 사진을 보며 즐거워하고 각자 느낀 감동을 서로 나누는 그런 폼 나는 사진전을 상상해봅니다.

지난 20여 년간 사진가의 삶을 살면서 많은 곳을 다녔고 많은 사진을 찍었습니다. 영국에서 뉴스사진으로 시작해 런던에서 일어난 크고 작은 사건사고들을 사진으로 기록했고 이후 연예부로 옮겨가 칸 영화제, 오스카 영화제 등 다양한 시상식과 영화제에서 수많은 유명 배우들을 촬영했으며, 그 후 스파이스 걸스의 투어 포토그래퍼로 발탁되어 본격적으로 음악과 관련된 사진을 찍게 되었고, 너무 일찍 우리 곁을 떠나버린 팝의 황제 마이클 잭슨을 촬영했습니다.

전 세계 음악과 문화의 아이콘인 비틀즈의 폴 매카트니 경과 함께 일했던 지난 11년 동안에는 유럽, 북미, 남미, 아시아의 수많은 도시들을 여행하며 그의 콘서트 장면과 새로운 도시의 매혹적인 풍경을 촬영할 수 있었습니다. 폴 경을 찾아온 여러 나라의 대통령을 비롯해 투병 중이던 스티브 잡스, 대선 레이스 중이던 힐러리 클린턴 등 수많은 유명인사의 사진도 찍었습니다.

패션사진을 찍었고 광고사진을 찍었고 지구의 가난한 곳에 사는 어려운 이들의 모습을 촬영했습니다.

제가 생각해도 참 다양한 경험을 했고 다채로운 사진을 찍었습니다. 하지만 그럼에도 제가 찍은 사진들을 보고 있노라면 사실 자랑스러움보다는 부끄러움이 몰려옵니다. 왜 이렇게밖에 찍지 못했을까… 자꾸 다른 사진가와 제 자신을 비교하고 자책합니다. 사진전을 열고 싶은 마음은 굴뚝같지만 제 사진들을 보고 있으면 한숨이 절로 나옵니다.

여행사진을 보면 더 부지런히 일찍 일어나서 더 많은 곳을 다니지 못한 것이 아쉽고, 인물사진을 보면 그들과 더 속 깊게 교류하고 더 진솔한 사진을 뽑아내지 못해서 아쉽습니다.

다큐멘터리 사진은 힘들게 가서 어렵게 찍은 사진들을 더 많은 사람들에게 알리지 못했음이 못내 아쉽고, 음악사진을 보면 더 많은 뮤지션들을 촬영하고 싶다는 욕심이 생겨납니다.

물론 그중에는 좋아하고 만족하는 사진도 몇 컷 있습니다. 문제는 제가 꿈꾸는 멋진 사진전을 열기에는 만족하는 사진의 수가 절대적으로 부족하다는 것입니다.

하지만 과연 제가 찍은 모든 사진에 만족하는 날이 올까요? 아마 절대 오지 않겠죠. 만에 하나라도 그런 날이 온다면 전 아마 '자뻑'이라는 심각한 병은 아닌지 진단이 필요할 것입니다.

모든 사진에 만족할 수는 없기에 일단 가지고 있는 사진을 그룹별로 나눠봅니다.

첫 번째 그룹은 연예인의 초상사진이고 두 번째는 여러 뮤지션들의 콘서트 사진, 세 번째는 폴 매카트니의 투어 사진, 네 번째는 가난한 나라의 삶을 담은 다큐멘터리 사진, 다섯 번째는 런던의 뉴스사진, 여섯 번째는 흥미로운 일반인들의 초상사진, 일곱 번째는 여행사진이고 마지막 여덟 번째 그룹은 제 삶에서 가장 중요한 가족들의 사진입니다.

사진전의 하이라이트는 무엇이어야 할까요?

전 세계를 주름잡는 할리우드 영화배우의 사진이어야 할까요? 아니면 11년간 함께 작업한 폴 매카트니의 사진은 어떨까요? 또는 가난한 나라에서 어렵지만 꿈을 잃지 않고 살아가는 어린아이의 사진이어야 할까요?

이 모든 사진들이 하나하나 정말 중요하다고 생각합니다.

하지만 전 제 가족의 일상이 담긴 사진을 전시장의 가장 중앙에 걸고 싶습니다.

다시 봐도 눈시울이 촉촉해지고 미소가 지어지는 사진들, 아이들이 태어나는 순간, 우는 모습, 웃는 모습, 첫 등굣길, 온 가족이 함께 간 나들이 등 소소한 일상이 담긴 사진을 가장 많은 사람들에게 보여주고 싶습니다.

그 사진들은 경제활동이나 창작활동을 위해 나를 쥐어짜서 만들어낸 사진이 아닙니다. 그저 한 인간으로서 아빠로서 남편으로서의 진솔한 삶이 고스란히 담긴 사진들입니다.

젊었을 때는 '나'라는 존재가 너무나 중요하고 소중했습니다. 내가 무엇을 생각하는지, 내가 어떤 사람인지, 내가 어떤 사진을 찍는지… 모든 것이 '나' 위주로 돌아갔습니다. 그래서 그때 찍은 사진에는 '나'라는 존재를 부각시키고자 힘이 잔뜩 들어가 있었습니다.

조금씩 나이가 들면서 생각과 삶이 단순해지기 시작했습니다. 그러자 저를 기다리고 있는 가족들이 보였습니다. 내가 어떤 사진가인지는 그렇게 중요하지 않다는 생각을 하게 되었습니다. 삶의 중심이 '나'에서 '가족'으로 옮겨갔습니다.

내가 아무리 유명한 사람들과 입이 딱 벌어질 정도로 멋진 사진을 찍는다 해도 아이들에게 소홀한 아빠, 무책임한 남편이라면 직업은 화려한 껍데기일 뿐 무슨 의미가 있을까요?

그렇게 일과 삶의 균형을 조금씩 맞춰 가고 있습니다. 이제는 일과 가족 모두 놓쳐서는 안 될 소중한 두 마리 토끼가 되었습니다.

문득 아이들이 크고 난 후로는 가족을 많이 찍지 않았다는 것을 깨달았습니다. 오늘부터라도 더 많이 찍겠다는 결심을 해 봅니다.

오랜 시간이 흐른 뒤에 제가 찍은 사진들을 돌아본다면 연예인 사진, 광고사진, 패션사진들이 저에게 그리 큰 의미로 남을 것 같지 않습니다. 하지만 가족의 일상을 담은 사진들은 두고두고, 숨을 거두는 그 순간까지 큰 미소를 안겨줄 아름다운 추억

사진전의 하이라이트는 무엇이어야 할까요?
전 세계를 주름잡는 할리우드 영화배우의 사진이어야 할까요?
아니면 11년간 함께 작업한 폴 매카트니의 사진은 어떨까요?
또는 가난한 나라에서 어렵지만 꿈을 잃지 않고
살아가는 어린아이의 사진이어야 할까요?
이 모든 사진들이 하나하나 정말 중요하다고 생각합니다.
하지만 전 제 가족의 일상이 담긴 사진을 전시장의 가장 중앙에 걸고 싶습니다.

거리가 될 것임에 틀림없습니다.

당분간 사진전은 기분 좋은 상상 속에서만 하려고 합니다. 돈도 안 들고 사람들에게 부끄러울 일도 없습니다.

하지만 언젠가는 제가 가진 모든 것을 꾸밈없이 솔직담백하게 내보이고 싶을 때가 오겠죠. 그때가 언제인지는 모르지만 현실의 사진전은 아마도 그때쯤 하게 되지 않을까 생각합니다.

세상에서 가장
아름다운 손

스리랑카의 고산지대에는 전 세계적으로 유명한 질 좋은 찻잎이 납니다. 높이 올라갈수록 찻잎의 품질은 더욱 좋아진다고 합니다.

그곳에서 찻잎을 따며 살아가는 사람들을 만나러 갔습니다.

대부분의 노동자들은 여성이었는데, 커다란 자루를 등에 메고 긴 장대를 손에 들고 산중턱에서 열심히 잎을 따는 그들의 모습은 사뭇 숙연하고 엄숙해 보였습니다.

그들의 손에서는 오랜 노동의 흔적과 함께, 녹록지 않은 삶의 전쟁터에서 가족을 위해 평생을 헌신한 거칠지만 다부진 의지가 느껴졌습니다.

하루 온종일 이 산 저 산을 옮겨 다니며 등에 멘 자루가 찻잎

으로 가득 차면 그날 일당인 5달러를 받는다고 합니다.

그나마 한 달 중에 일할 수 있는 날은 20일 정도밖에 되지 않는다고 하니 가시에 찔리고 손에 굳은살이 박이도록 열심히 일해야 한 달에 약 100달러 정도 버는 셈입니다.

내가 아무 생각 없이 마시는 커피 한 잔 값이 누군가에게는 고된 하루의 보상이었습니다. 조심스레 찻잎을 움켜쥔 할머니의 힘찬 손에서 삶의 겸손함과 감사함을 배웠습니다.

우연한 선물 같은 사진가의 삶

사진의 발명과 발전은 우리 삶의 모습을 새로운 앵글로 바라보게 하였고, 평범한 일상을 조금 더 아름다운 모습으로 볼 수 있는 눈을 갖게 해주었습니다.

말과 글로 소통하던 시대는 이제 사진으로 소통하는 시대로 바뀌어 가고 있으며, 지구 곳곳의 여러 가지 소식과 아름다운 풍경들을 실시간으로 공유되는 수억 장의 사진을 통해 큰 노력을 들이지 않고도 접할 수 있는 시대가 되었습니다.

그뿐인가요.

사진은 말이 통하지 않는 세계들을 연결하는 새로운 언어의 역할도 하고 있으며, 우리는 사진을 통해 맛집, 멋집, 핫템, 꿀템

등 생활에 필요한 수많은 정보들도 주고받습니다.

컴퓨터, 자동차, 핸드폰처럼 사진 역시 이제는 우리 삶에 없어서는 안 되는 중요한 수단이 되었고, 이런 시대에 저는 너무도 우연히 많은 사람들이 부러워하는 사진가로 살고 있습니다. 하지만 사진가로 일하며 많은 것을 누리고 있는 제 자신이 특별히 자랑스럽지는 않습니다. 사진가라는 직업을 갖기 위해 부단히 노력하여 지금의 위치에 있는 게 아니기 때문입니다. 저보다 더 많이 공부하고 더 많이 땀 흘리며 노력하는 수많은 사진가들이 있다는 사실을 저는 잘 알고 있습니다. 그렇기에 제가 누리고 있는 사진가의 타이틀을 '내가 열심히 노력해서 해낸 것이다' 라고 오롯이 주장할 수가 없습니다.

몇 번의 인터뷰에서 "나에게 사진이란?"이라는 질문을 받았습니다. 조금 멋있어 보이는 말을 하고 싶어서 오랜 시간 질문을 붙잡고 씨름했습니다. 어떻게 얘기해야 사진에 대한 통찰력도 있고 예술적이기도 하면서 쿨한 사람으로 보일 수 있을까?

하지만 생각하면 할수록 저는 사진에 대한 통찰력도 별로 없고 그리 예술적이지도 않고 그렇게 쿨한 사람도 아니라는 사실을 깨달았습니다.

그저 우연히 선물받은 사진가의 삶을 열심히 즐기고 있을 뿐.
책을 쓴다는 것은 사진을 찍는 것과는 매우 다른 경험이었습니다. 아무도 깨지 않은 이른 새벽에 커피 한 잔을 내려 컴퓨터 앞에 앉습니다. 흰 여백에 깜빡이는 커서를 한참 동안 바라봅니다. 무엇을 어떤 어투로 어떻게 써야 할지 아무 생각이 나지 않습니다. 썼다 지우기를 수차례 반복합니다. 그러다 문득 텅 빈 공간에 몇 글자가 담기면 나도 모르는 사이에 그날의 글쓰기가 시작됩니다.

사진은 다시 말하지만 빛의 기록입니다. 눈 앞에 있는 부언가를 사진으로 담으면 됩니다. 반면 글쓰기는 머릿속에 실타래처럼 복잡하게 얽혀 있는 생각의 조각들을 잘 정리해 누에가 몸에서 실을 끄집어내듯 조심조심 글자로 옮겨 담는 예민하고 민감한 노동임을 알게 되었습니다.

하지만 비슷한 점도 있습니다. 사진과 글 모두 정해진 공식이 없다는 것입니다. 그것이 큰 자유인 동시에 어려움입니다. 그만큼 어렵기 때문에 소중한 가치가 있는 거겠지만요.

글을 쓰는 동안 사실 많이 한가했습니다. 아마도 바쁜 와중에는 책을 쓸 여력이 없는 것을 아신 하나님께서 조용히 글쓰기에 집중할 시간을 주신 것 같습니다. 책을 쓰면서 저의 삶을 찬찬히 곱씹어보며 반성과 성찰을 할 수 있었습니다. 그리고 제 삶의 크고 작은 흔적들 중 어느 것 하나 소중하지 않은 순간이 없음을 알게 되었습니다. 누군가의 삶에 의미 있는 책으로 남길 바라며 썼는데, 아이러니하게도 결국 저 스스로에게 가장 큰 위로와 격려가 되었습니다.

마지막 페이지까지 소중한 시간을 함께해주신 독자 분들께 뭐라 감사의 인사를 드려야 할지 모르겠습니다. 처음 써본 글이라 서투르지만 그래도 제가 풀어놓은 인생의 이야기가 작지만 따뜻한 삶의 응원이 되기를 희망합니다.

마지막으로 이 책을 쓸 수 있도록 제 삶에 여러 가지 즐거움과 어려움을 허락하신 하나님께 감사드립니다. 제게 큰 도움과 격려, 감동을 주신 수많은 분들에게 평소 감사하다는 말을 전하지 못했습니다. 이번 책으로 깊은 감사의 말씀을 대신합니다. 그리고 함께 열심히 삶을 일구어 온 그 누구보다도 멋진 아내와 어설픈 부모 아래에서 훌륭하게 자라고 있는 아이들에게 고마움과 사랑의 마음을 전합니다.

Iris, thank you so much for letting me snuggle with you.

Isaac, thank you so much for letting me play LOL with you.

Jessica, thank you so much for being YOU…

오늘도 인생을 찍습니다

초판 1쇄 발행 2019년 07월 12일
초판 3쇄 발행 2022년 10월 14일

지은이 MJ KIM
펴낸이 김은경
펴낸곳 (주)북스톤
주소 서울특별시 성동구 성수이로20길 3, 602호
대표전화 02-6463-7000
팩스 02-6499-1706
이메일 info@book-stone.co.kr
출판등록 2015년 1월 2일 제 2018-000078호
ⓒ MJ KIM(저작권자와 맺은 특약에 따라 검인을 생략합니다)

ISBN 979-11-87289-64-7 (03320)

북스톤은 세상에 오래 남는 책을 만들고자 합니다. 이에 동참을 원하는 독자 여러분의 아이디어와
원고를 기다리고 있습니다. 책으로 엮기를 원하는 기획이나 원고가 있으신 분은 연락처와 함께
이메일 info@book-stone.co.kr로 보내주세요. 돌에 새기듯, 오래 남는 지혜를 전하는 데 힘쓰겠습니다.